"中华元典引读丛书"出版委员会

主　任：谢清溪

副主任：纪庆芳　展文婕

委　员（以姓氏笔画为序）：

马　博　仝一帆　阮林要　李亚涛

时　海　陈建恩　郑　鑫　胡玲霞

姜　畅　高枫叶　谌洪波

周礼引读

郝铁川 著

河南大学出版社
HENAN UNIVERSITY PRESS

·郑州·

图书在版编目（CIP）数据

周礼引读 / 郝铁川著. -- 郑州：河南大学出版社，2024.7

（中华元典引读丛书 / 李振宏主编）
ISBN 978-7-5649-5717-9

Ⅰ．①周… Ⅱ．①郝… Ⅲ．①《周礼》Ⅳ.①K224.06

中国国家版本馆 CIP 数据核字（2024）第 069931 号

周礼引读
ZHOULI YINDU

总策划	孔令刚
责任编辑	王丽芳
责任校对	陈 炜
装帧设计	翟淼淼
出版发行	河南大学出版社
	地址：郑州市郑东新区商务外环中华大厦 2401 号
	邮编：450046　电话：0371-86059701（营销部）
	网址：hupress.henu.edu.cn
排　版	郑州印之星数字文化产业有限公司
印　刷	郑州印之星印务有限公司
版　次	2024 年 7 月第 1 版
印　次	2024 年 7 月第 1 次印刷
开　本	889 mm×1194 mm 1/32　印 张　8.375
字　数	154 千字　　　　　　　定 价　36.00 元

版权所有·侵权必究
本书如有印装质量问题，请与河南大学出版社营销部联系调换。

序

中华元典创生于春秋战国的大变革时代。自夏以来的中国早期文明社会，到周代的分封制度达到成熟阶段，这一社会形态的国家政体是贵族制。以中央王朝的国君即天子为一权力主体，以公卿士大夫即贵族为另一权力主体，世袭国君和世袭贵族通过宗亲和姻亲血缘纽带组成一个统治网络，代代相传、永恒不变地占据着国家政治生活、经济生活和文化精神生活的中心。这样一个贵族制社会从夏开始，一直延续了一千多年，到公元前770年周平王东迁，终于走向了它的衰落和蜕变。平王东迁作为一个象征性事件，标志着一个新时代的开端。春秋时期，王室衰微，礼崩乐坏，历史表面的混乱局面，掩盖着深层的历史潜流，人们往往用"春秋无义战"来描述这个时代；但历史一进入战国时期，其演变的本质便显示出来。战国时期各国变法的主流揭示，从春秋开始的这场历史大动荡，预示着一个崭新的历史时代的到来，它是一场社会形态的变革，是中国历史从贵族政治向官僚政治的过渡。

大凡历史剧烈动荡的岁月，给人们的启迪也往往更加丰富和深刻。历史的大动荡，亵渎了一切传统的神圣的东西。传统的政治体制逐渐坍塌，传统的意识形态、社会观念、思想文化遇到了前所未有的挑战。历史何以会发生这样剧烈的变革和动荡，在动荡中崩溃的社会应该以怎样的模式重新塑造等等，一系列带有世界观、历史观、社会观性质的问题，逼迫着人们去思考，去回答。于是，在思想文化领域，展开了一场长达三百年的百家争鸣。正是在这场反省历史、洞察现实、描绘未来的思想运动中，古圣先贤们为我们提供了一批支配后世民族文化发展的中华元典。这批中华元典，诸如《周易》《诗经》《尚书》《春秋》《礼记》《老子》《庄子》《论语》《墨子》《管子》《商君书》《韩非子》等等，是夏商周以来古典传统文化的积淀和结晶，又是新旧时代交替的历史启迪；它既积累了中华先民两千年文明史的卓越智慧，又是对一个新的历史进程的揭示和预见，充当了一个新时代的号角和先声。

中华元典是春秋战国这个特定时代的产物。一方面，社会历史在政治、经济上所经历的深刻变迁，给当时的思想家们以深刻的历史启迪，使其著作具有其他时代所无法比拟的深刻性；另一方面，传统社会坍塌的剧烈震撼，促使人们从历史的根本点上思考问题，从而使当时人们所提出的问题，多具有世界观、历史观和人生观的性质，具有比较广泛的普遍性价值或意义。

三十年前，冯天瑜先生在《元典文化丛书·序》中说：

> 历史的辩证法反复昭示：发展不是简单的生长和增进，它往往不一定呈直线式进步，而是通过一系列螺旋式圈层实现的。这样"回复"便不总是重复往昔，而可能是一种上升的形式，是"唤醒"事物在其开端时即已蕴蓄着的可能性的一种形式。作为由具有自觉意识的人类创造的文化，也生动地展现着螺旋式的发展轨迹，如欧洲"文艺复兴"的崇尚古希腊、"宗教改革"的服膺《圣经》，便是对"元典精神"的发扬和再造，而欧洲文化正是在这种"回复"中赢得历史性进步的。这种向"文化元典"汲取灵感，获得前进基点的现象在中国也多次出现，著名的"古文运动"便是典型事例。考之以中国近现代思想文化史，这种"返本开新""以复古为解放"，即回归元典精神以求新变的情形也俯拾即是。

冯天瑜先生所讲人类思想史上这种不断发生的"返本开新"现象，佐证了元典的不朽性。的确，中国先秦时代所产生的文化元典，就有其不朽性。大致说，元典的不朽性主要取决于两个方面：

其一，它所提出的问题具有普遍性意义，是不同时代人们所关注的共同性问题，处在不同历史条件下的人们，都能从元典的阐述中汲取智慧，都能使自己的思考追溯到人类智慧的最初观照。譬如在元典中一再提出的如下问题："天人之辨"（人与自然的关系）、"人性之辨"（关于人的本性善恶的思考）、"义利之辨"（社会道义与经济利益的关系）、"刑礼之辨"（刑法治理与礼制教化的关系）等等，这些问题对于两千多年的传统社会来说，无疑都是不朽的课题，像"天人之辨""人性之辨""义利之辨"等，还具有普遍的人类意义。

其二，"中华元典"的不朽性，还在于它对以上基本问题的解决，给后人的思考提供了一种具有高度抽象性的哲理性回答，从而使人们可以从各种角度受到它的启迪。在人类认识的早期时代，人们还不可能对自然界和社会进行解剖、分析，自然界和人类社会只能被作为一个整体去观察，从而得出混沌的整体性认识。这种认识，一方面有它不精确不完善的特点，而另一方面则使它有可能包含了对自然界和人类社会整体联系性的不少天才猜测。例如《老子》中的"道"，《周易》中的运动观、发展观、变易观，《论语》中孔子的仁学思想体系，等等，都是对自然变化之道,人的社会属性的整体性、哲理性把握;而这种把握,则是其后人们借以展开自己思想的重要基础。"中华元典"在后世人们借以发挥自己思想创造的过程中,一再证明着自己的生命力和不朽性。

然而,从历史唯物主义的观点看问题,"中华元典"也不可避免地具有其历史局限性,世界上没有任何一种理论观点、学说体系具有超历史的价值和意义。每一时代的理论思维,"都是一种历史的产物",都有它所适应的、能够发挥其作用的历史环境;一旦历史条件发生了根本性的变更,它的作用就将丧失或者发生相应的改变。"中华元典"作为一种理论思维的历史成果,它的基本内容,它所提出的各种命题的具体内涵,都不能不具有这种历史性质。这个历史性,既是它在其后两千多年传统社会中能够发挥重要作用的原因,也同时决定了它的局限性。解读和阐释文化元典,就是发扬或转换其不朽性,而正视其局限性,以确保在文化传承中保持清醒的头脑,秉持科学的态度。

解读元典文化精神,研究、传承和弘扬优秀传统文化的工作,已经进行了很多年,有了颇为丰硕的成果。然反省其研究状况,还是存在某些缺憾。

一是研究大多还集中在知识精英阶层,而把对元典思想的阐释变成广大社会公众的精神食粮,还有许多工作要做。

二是就社会大众的元典文化阅读来说,所做的工作多是集中在直接的普及方面，侧重对元典文献的注释或翻译，以为社会大众借助白话读本就可以进入元典精神的世界，就完成了元典文化的普及，而这是有认识上的误区的。

三是社会大众直接阅读元典译本，并不能对元典文化的历史作用有深刻的认识，而研究元典文化或者普及元典文化精神，其最终目的是帮助社会大众认识我们的文化国情，使人们知道民族精神的来龙去脉，知道今人的思想、思维、价值观念、心理观念之来源，清醒而理智地看待传统文化，继承和弘扬优秀传统文化。

河南大学出版社策划出版的这套"中华元典引读丛书"，目的就在于弥补以上缺憾。这套丛书的特色是：读者一书在手，既可窥见一部元典的思想要旨，又可明了其全方位历史影响，进入元典文化生成与发展的历史世界。这是真正地认识中华元典文化精神的导读丛书，是写给普通读者的书。

既是为社会大众提供适宜的元典导读，就必须在著作的科学性、导向性上下功夫。我们力求用充分辩证的科学理性去阐释元典文化的基本精神，对元典著作积极的或消极的文化影响，都给予尽可能全面的历史评说，使普通读者懂得如何从积极的方面对传统文化进行扬弃和取舍。因此，冷静的历史思辨色彩，成为这套丛书在著述风格上的重要特色。此外，我们还要求作者从以往学术著作引经据典、旁征博引、烦琐考证的传统文风中解脱出来，采用夹叙夹议、以议论为主的散体笔法，无论是对元典内涵的揭示，还是对其历史价值或历史影响的阐述，都尽可能结合具体生动的历史事例来展开，力求做到深入浅出，引人入胜。

现在丛书就要出版了，作者们贡献了自己的辛勤劳动、学识和智慧，但是否真的能够实现丛书的编写初衷，它的效果究竟如何，就交给亲爱的读者去判断了。

李振宏

2023 年 12 月 10 日于开封

目 录

引子 / 1

一 一幅井然有序的政治蓝图
——《周礼》的基本内容 / 8
  1. 天官冢宰 / 9
  2. 地官司徒 / 15
  3. 春官宗伯 / 19
  4. 夏官司马 / 22
  5. 秋官司寇 / 25
  6. 冬官司空 / 28

二 一桩聚讼未决的学术公案
——《周礼》的成书年代 / 30
  1.《周礼》源流 / 30
  2.《周礼》成书年代的争议 / 33
  3.《周礼》成书年代研究方法的差异 / 37

三 中国特色的"君主民本"式的政治结构
　　——《周礼》与中国政治文化 / 42
　1. 内朝与外朝 / 46
　2. 君主集权与大臣分权 / 60
　3. 中央大一统与少数民族区域自治 / 78
　4. 官吏考课制度 / 88
　5. 弹劾与谏议 / 104
　6. "六官"与六部 / 118
　7. 基层组织与保甲制度 / 122
　8. "以族得民"与政权、族权的合一 / 130

四 一张由情、理、法编织的法网
　　——《周礼》与中国法律文化 / 139
　1. 富民、教民和刑罚相结合 / 142
　2. 泛道德主义与泛刑主义相结合 / 148
　3. 以史为师和以法为教 / 152
　4. 官制法与行政法 / 156
　5. "八议"和特权法 / 160
　6. 直觉体验与坐堂问案 / 167
　7. "三刺"与会审制度 / 169
　8. "三宥"与慎刑 / 173
　9. "三赦"与矜老恤幼 / 174

10. 正当防卫 / 177

11. 直诉制度 / 180

12. 血亲复仇 / 182

13. 人员编制的法治化 / 184

14. "刑三典"与刑法的"世轻世重" / 187

五　一个权力经济的范本
　　——《周礼》与中国经济文化 / 192

1. 土地王有制 / 193

2. 户籍管理与人身控制 / 198

3. 军事化的市场管理 / 206

4. 重农思想与农学研究 / 215

5. 利出一孔与官营工商 / 219

6. 轻视民营工商 / 233

7. 国富为本与经济改革 / 236

8. 中央集权与财政管理 / 242

六　结束语 / 247

引子

历史曾是那样的慷慨,它曾把文明的种子播撒到世界各个地区,培育了 21 个文明奇葩(汤因比《历史研究》);但历史又是这样的无情,那些林林总总的文明硕果到了今天,有的消亡了,只留下几处废墟供人凭吊(如巴比伦文明),有的成为人们考古、发掘的对象(如玛雅文明),有的则突然中断,默默无言地沉睡了数个世纪(如古希腊文明和古印度文明)。唯有中国的文明薪火不断、绵延不绝,成为古代文明硕果中唯一的生存、健在者。因此,我们可以说,中国文明是人类社会的一个奇迹,是世界历史发展中的一个难解之谜。

为什么中国的古老文明具有如此顽强的生命力?这一充满诱惑力的问号引起了无数中外史学家的关注,促使他们去进行探讨,并为此奉献了种种答案。这类答案概括而言,有如下数段:经济上,男耕女织的小农经济占主导地位,数千年来,人们"日出而作,日落而息",自给自足,"甘其食,美其服。安其居,乐其俗。邻国相望,鸡犬之声相闻,民至老死,不相往来"(《老子》),生产和再生产的过程基本上是在单纯不变的基础上进行的,这就使得中国社会长期沿着封建的轨道蹒跚前行了。

地理上,中国地处北温带,长城线以南的广大区域,是适宜农耕的沃土,足以容纳众多的人口,进行农业生产。这片农业区域的东南是一望无际的大海,东北、西北、西南三面,则依次横亘着茫茫的高原、沙漠以及昆仑、横断等一系列巍峨的山脉,它们犹如一道环形的天然屏障,拱卫着这片辽阔的农耕地域,阻挡着印度和世界古文明荟萃的欧亚内陆与中国的交通,使中国的农业定居文明得以在相对独立的环境中自由发展。这一方面给中国大一统文明的产生与强化提供了充分的时间和空间,使中国自立于世界文明之林;另一方面也无可避免地赋予中国古老文明以巨大的惰性,延缓了它的发展、解体乃至蜕变的过程。

政治上,数千年的专制主义中央集权制政权厉行"重农抑商"的超经济强制,使商品经济发展壮大的可能性降到最低限度,商人阶层难以成长为独立的社会力量。这样,资本主义生产关系自然难以波澜壮阔,中国社会只能长期周而复始、循环往复地在封建生产关系上兜圈子。

文化上,忠、孝相结合的儒家意识形态抵制了宗教的侵袭,使得封建社会的政治关系、经济关系逐渐内化为人们的自觉意识。数千年来,呻吟于封建专制淫威之下的中国人,则往往习惯于将自己的理想寄托在所谓"圣明天子"身上。这也无形地延长了封建社会的运祚,使中国人在走出中世纪时不得不面临巨大的心理障碍。

1932年12月,毛泽东同志在《中国革命和中国共产党》一文中对中国封建社会的历史做了深刻的概括:"中国虽然是一个伟大的民族国家,虽然是一个地广人众、历史悠久而又富于革命传统和优秀遗产的国家,可是,中国自从脱离奴隶制度进到封建制度以后,其经济、政治、文化的发展,就长期地陷在发展迟缓的状态中。" 中国封建时代的经济制度和政治制度,具有几个主要特点:一是自给自足的自然经济占主要地位。农民不但生产自己需要的农产品,而且生产自己需要的大部分手工业品。地主和贵族对于从农民剥削来的地租,也主要是自己享用,而不是用于交换。那时虽有交换的发展,但是在整个经济中不起决定的作用。二是封建的统治阶级——地主、贵族和皇帝,拥有最大部分的土地,而农民则拥有很少土地,或者完全没有土地。农民用自己的工具去耕种地主、贵族和皇室的土地,并将收获的四成、五成、六成、七成甚至八成以上,奉献给地主、贵族和皇室享用。这种农民,实际上还是农奴。三是不但地主、贵族和皇室依靠剥削农民的地租过活，而且地主阶级的国家又强迫农民缴纳贡税，并强迫农民无偿从事劳役，去养活一大群的国家官吏和镇压农民的军队。四是保护这种封建剥削制度的权力机关，是地主阶级的封建国家。如果说，秦以前的一个时代是诸侯割据称雄的封建国家，那么，自秦始皇统一中国以后，就建立了专制主义的中央集权的封建国家；同时，在某种程度上仍旧保留着封建割据的状态。在封建国家中，皇帝有至高无上的权力，在各地方分设官职以掌兵、刑、钱、谷等事，并依靠地主绅士作为全部封建统治的基础。毛泽东同志深刻指出："中国历代的农民，就在这种封建的经济剥削和封建的政治压迫之下，过着贫穷困苦的奴隶式的生活。农民被束缚于封建制度之下，没有人身的自由。地主对农民有随意打骂甚至处死之权，农民是没有任何政治权利的。地主阶级这样残酷的剥削和压迫所造成的农民的极端的穷苦和落后，就是中国社会几千年在经济上和社会生活上停滞不前的基本原因。"[①]

历史的发展是一种"合力"运动。因此，上述数端均含有深刻的合理性。但我们是辩证法论者，坚持认为事物的发展是主要矛盾或矛盾的主要方面决定的，因而在推动

[①]《毛泽东选集》第2卷，人民出版社，1991，第623-624页。

历史车轮前进的合力中，必有一种主要的动力。那么，这个主要的动力是什么呢？

审视中国数千年的历史，我们很容易发现这样一个不容置疑的事实，世界上没有任何一个国家像古代中国这样，在几千年的历史中，政治权力一直在社会生活中发挥着支配一切、主宰一切的巨大威力。每一个人的谋生手段、人生道路，每一个人的生活方式、物质文化和精神文化的享受等等，封建政府都极力地加以干预。你可以拥有多少田产、家业，你可以住什么样的房，坐什么样的车，穿什么样的衣服，戴什么样的帽子，以及以何种身份、姿态去与社会各方面进行交往，都要看你在国家权力结构中所处的级别、地位。因此，政治权力在古代社会是比任何有形的东西更值得追求的无价之宝，这是古代中国社会结构最重要的一个特点。正是由于政治权力所占据的这种突出位置，以至古代中国社会的各个方面，如土地运动、社会分配、阶级构成、思想文化，以及社会兴衰与动荡安定等等，实际上都与国家权力发生着直接的关系。

这一事实充分印证了马克思主义关于上层建筑对经济基础具有巨大反作用（可以延缓或加速社会形态发展）的论断。中国古代文明之所以绵延不绝，从根本上来说，是因为它具有一个比较完备的上层建筑，而这正是其他文明所缺乏的。

中国古代文明之所以具有一个比较完备的上层建筑，与中国古代社会丰富成熟的政治理论密不可分。政治实践是政治理论认识的对象和产生的主要土壤之一，但反过来政治理论对政治实践又起着莫大的指导作用。数千年来，中国的思想家们怀着"天下兴亡，匹夫有责"的激情，对统治者如何治理国家做了大量、详细的论述，并不断地为统治者所承认、采纳，逐渐凝固成一个稳定的政治传统，使得君主一登基便有一个行为模式可遵循，有现成的统治方案可选择，有丰富的历史经验教训可借鉴，这在一定程度上减少了君主政治的随意性。

在古代政治思想家们设计的种种政治方案中，《周礼》是最早、最具影响力的一个范本。说它最早，是因在它之前还没有如此系统的政治理论著作；说它最具影响力，是因它赫然列于十三经之中，是封建社会钦定的经书，哪一个人敢不把它看作一部皇皇法典！

《周礼》在中国历史上的影响，主要表现在典章制度领域。与《论语》《孟子》等元典相比，《周礼》非常注重把道德伦理落实到操作层面上，而不是仅仅停留在唤起内心觉悟的道德说教层面上。《周礼》之所以具有重视制度建设和操作实施的特点，是因为它吸取了法家"课群臣之能""循名而责实"的治官之术，从而比《论语》《孟子》等更具有可行性。

谈到文化，多数学者都认为它包含观念、制度、器物三个层次。《论语》《孟子》等对中国文化的观念层面影响至深至广，而《周礼》则对中国文化的制度层面影响甚大。然而，遗憾的是，近代以来学术界对《周礼》的研究是相当不够的。至于《周礼》在历史上的影响，那就罕有问津者了。笔者不揣浅陋，对此加以探索，以期抛砖引玉。

一 一幅井然有序的政治蓝图
——《周礼》的基本内容

《周礼》文繁事富,体大思精,全书计有四万五千余字。它用官制联系经济、文化、教育等各种制度,设官办法是采用天、地、春、夏、秋、冬来分配六个部门的政务。天官的首长叫"冢宰",其属官有六十三人;地官的首长是"司徒",其属官有七十八人;春官的首长是"宗伯",其属官有七十人;夏官的首长是"司马",其属官有六十九人;秋官的首长是"司寇",其属官有六十六人;冬官的首长是"司空",此篇已亡,不知道其属官有多少。就以上的五官说来,已有三百四十六个官职。每一个官府的人员多寡不等,五官和官属则不下数万人。《伪古文尚书》的《周官》篇说:

惟周王抚万邦,巡侯甸,四征弗庭,绥厥兆民,六服群辟，罔不承德，归于宗周，董正治官。……冢宰掌邦治，统百官，均四海；司徒掌邦教，敷五典，扰兆民；宗伯掌邦礼，治神人，和上下；司马掌邦政，统六师，平邦国；司寇掌邦禁，诘奸慝，刑暴乱；司空掌邦土，居四民，时地利。六卿分职，各率其属，以倡九牧，阜成兆民。

这篇文字可说是《周官》(《周礼》《周官》乃一书两名，下面将有详说）一书的提要。《古文尚书》虽是魏、晋间人所伪作，却把六官的职守讲得极为简明。大体而言，朝廷及宫中的事务统归冢宰去处理；王畿内人民的教、养事务统交给司徒；宗教、文化的事务全归宗伯；诸侯、军旅的事务全归司马；刑狱执法的事务全归司寇；工程的事务全归司空。

下面则对六官的职守逐一详细介绍。

1. 天官冢宰

天官，即仿效上天而设的官。古人以为天有360余度，因此天官总摄360多官。冢宰，即太宰，天官系统的首长。其职掌主要有如下数端：

统率、总摄六官

太宰居六官之首，类似封建社会的宰相。《周礼》记载，太宰首要职责是修立治政六典，以辅佐君主统治天下。第一是治典，旨在治理官府风纪；第二是教典，旨在教化人民；第三是礼典，旨在协和天下各国；第四是政典，旨在平均各地百姓负担的赋税；第五是刑典，旨在惩治罪犯；第六是事典，旨在合理安排土木工程。除治典为太宰直接负责外，教典、礼典、政典、刑典、事典则分别为地官、春官、夏官、秋官、冬官所掌，但太宰总摄六官，因此他对其他五官亦有统辖之责。

按照"八法"治理官府

此八法实际上是八种管理官员的办法。一是"官属"，即通过官员的归属来明确上下级关系；二是"官职"，即明确规定每一个官员的职责范围；三是"官联"，即规定众官如何在分工的前提下又能密切合作，联合处理事务；四是"官常"，即规定每一位官员所应遵守的常规，涉及官吏本人的道德问题；五是"官成"，即规定如何考核官员；六是"官法"，即建立一套管理官员的制度规章；七是"官刑"，即规定如何对违法失职者予以刑事制裁；八是"官计"，即规定对官员之外的群吏如何考核。

按照"八则"治都鄙

"都"是征服者部族所居住的地区，类似后世的城市、市区；"鄙"是被征服者部族居住的地区，类似后世的乡村。"八则"是太宰处理都鄙事务的八条规则。一是"祭祀"，即祭祀都鄙地区的鬼神；二是"法则"，即各种等级名分制度，如宫室车旗衣服等；三是"废置"，即罢免无能之吏而任用贤者；四是"禄位"，即官吏的俸禄；五是"赋贡"，即向中央政府提供兵马、贡品；六是"礼俗"，即社会礼仪习俗；七是"刑赏"，即赏罚予夺；八是"田役"，即田猎、徭役诸事务。"八法"专治官府，"八则"兼治官、吏、民。

按照"八柄"辅佐君主驾御群臣

"八柄"即八种权力，为君主所独有，而太宰的职责仅仅是辅佐君主恰当地行使好这八种权力。一是"爵"，即爵位；二是"禄"，即俸禄，定期的薪俸；三是"予"，即赏赐；四是"置"，即任用官吏；五是"生"，即宗法分封；六是"夺"，即剥夺罪臣的爵禄；七是"废"，即撤销罪臣的职务；八是"诛"，即惩罚罪臣。

按照"八统"辅佐君主驾驭万民

"八统"即君主的八项施政总则，而太宰的职责是辅佐君主实施这八项总则。一是"亲亲"，即亲爱亲族；二是"敬故"，即尊敬故旧；三是"进贤"，即荐举贤人；四是"使能"，即任用有才能的人；五是"保庸"，即奖励有功劳的人；六是"尊贵"，即尊重有地位的人；七是"达吏"，即察举勤劳的小吏；八是"礼宾"，即按照礼制接待宾客。

按照"九职"辅导万民就业

"九职"是九种职业。一是"三农"，即在高原、平地、低地从事农业；二是"园圃"，即在园圃从事种植；三是"虞衡"，即在山林川泽从事工作；四是"薮牧"，即从事畜牧业；五是"百工"，即从事手工业；六是"商贾"，即从事商业；七是"嫔妇"，即妇女从事女红（丝织、桑麻等）；八是"臣妾"，即充当奴仆；九是"闲民"，即充当雇工。太宰的职责是指导人们在这九种职业中恰当地选择。

按照"九赋"管理财政

"九赋"是九种理财的规则。一是"邦中之赋"，即如何对城内居住者收税；二是"四郊之赋"，即如何对郊区居住者收税；三是"邦甸之赋"，即对六遂居住者如何收税；四是"家削之赋"，即对公邑及采邑居住者如何收税；五是"邦县之赋"，即对距城市三百里至四百里区域的居住者如何收税；六是"邦都之赋"，即对距城市四百里至五百里区域的居住者如何收税；七是"关市之赋"，即对出入关市者如何收税；八是"山泽之赋"，即对使用山林川泽者如何收税；九是"弊余之赋"，即对公用所剩的余财如何收税。

按照"九式"调节财政费用

"九式"是九种使用财政费用的规则。一是"祭祀之式"，即规定有关贡献祭祀所用的物品费用；二是"宾客之式"，即规定有关招待宾客所需费用；三是"丧荒之式"，即规定有关处理丧事及凶年所需费用；四是"羞服之式"，即规定有关处理君主膳食衣服所需费用。五是"工事之式"，即官府手工业所需的费用；六是"币帛之式"，即礼尚往来所需的费用；七是"刍秣之式"，即饲养牛马所需的费用；八是"匪颁之式"，即君主赏赐群臣所需的费用；九是"好用之式"，即君主宴飨群臣所需的费用。制定"九式"的目的是防止浪费。

按照"九贡"对地方征收物品

"九贡"是中央政府向地方征收的九个方面的物品。一是"祀贡"，即祭祀所用的物品；二是"嫔贡"，即招待宾客所用的物品；三是"器贡"，即制造器具所用的材料；四是"币贡"，即馈赠所用的物品；五是"材贡"，即建筑所用的木材之类的物品；六是"货贡"，即王室所需的金玉龟贝之类的物品；七是"服贡"，即缝制祭服所用的材料；八是"斿贡"，即旅游所用的玩好之类的物品；九是"物贡"，即地方特产的杂物。

按照"九两"将老百姓构成一个相互联系的整体

"九两"是九种协和、联系百姓的规则。一是"牧"，即君主用自己的土地来笼络百姓；二是"长"，即贵族达官用自己高贵的地位来笼络百姓；三是"师"，即师长用自己的道德来吸引百姓；四是"儒"，即儒士用自己的才能来吸引百姓；五是"宗"，即族长利用血统敦睦宗族；六是"主"，即财主用自己的财富笼络别人；七是"吏"，即官吏用自己的政绩笼络百姓；八是"友"，即朋友用自己的诚意来得到他人的信任；九是"薮"，即主管薮泽的官吏通过自己的管理使百姓得到利益。

公布政令宪章和考核官吏

太宰要在每年的正月初一开始向天下万民宣布治典，把这种成文法悬挂在官府门外的阙上，让百姓们观看。十天以后，再把它收藏起来；年终的时候，太宰要命令各官府整理政绩资料，接受考核，按照政事的得失功过，呈请君主加以赏罚、升迁或降免。每三年要对所有官吏的政绩做一次大的考核，呈请君主给予有关考核对象庆赏或诛罚。

太宰的职守，计有上述十一方面。"八法""八柄"涉及的是治吏；"八统""九职"涉及的是治民；"八则"则兼涉治吏与治民；"九赋""九贡""九式"涉及的是财政；"九两"涉及的是如何笼络民心。第十一项职能则是"八法"和"八则"中比较重要的两项内容。

太宰的助手是小宰，其职责则是协助太宰掌管吏治。小宰之下，属官共有六十二职，概括起来，可以分为三类，第一类是掌管吏治的官，有一职，即宰夫；第二类是掌管宫室事务的官，有六十一职，如负责寝舍的宫正、宫伯等，负责膳食的膳夫、庖人等，负责饮料的酒正、浆人等，负责服装的掌皮、缝人等；负责医疗的医师、食医等，负责妇寺的世妇、女御等；第三类是掌管财货的官，有九职，如负责版图、户口、六畜、财用之数的司书，司会等。

2. 地官司徒

地官位居六官第二，其首长是大司徒，职责是"掌建邦之土地之图，与其人民之数，以佐王安扰邦国"，此句为总纲，简言之，土地、人民皆大司徒所掌。徒者，众也，司徒命名即取义于教民。因此，古书又称司徒掌邦教，为"教官"。其职守细分起来，计有如下数段。

掌管封国疆域划分和建立社稷

大司徒要熟知天下土地面积，熟知山林川泽分布形势，熟知其封国疆域，并在每个封国设立社稷坛，社是土地神，稷是谷神。

能够辨别生长于"五土"的民众、植物、动物等情况

大司徒必须能够辨别五种不同土地所生产的动植物与所居住的民众：第一是山林，此地区适宜生长貂、狐等细毛动物和可以染色的柞栗之类的植物，住在此地区的民众必定毛发旺盛、身体强壮。第二是川泽。此地区适宜生长鱼龙一类有鳞的动物和莲英一类结有果子的植物。住在此地区的民众必定肤色较黑且润泽。第三是丘陵。此地区适宜生长像翟雉等鸟类动物和梅李等有核果实的植物，在此地区居住的民众必定体圆而身长。第四是填衍，此地区适宜生长龟鳖等有甲壳的动物和有芒刺的植物，在此地区居住的民众必定皮肤白而形体瘦。第五是原隰，此地区适宜生长虎豹一类的浅毛动物和荏苪等枝叶繁密丛生的植物，在此地区居住的民众必定肥胖而矮短。

从十二个方面对民众进行教育

大司徒职守的重点是教育民众。从哪些方面入手教育民众呢？第一，通过讲授祭祀之礼，使民众懂得尊敬亲上；第二，是通过讲授乡射饮酒之礼，使民众学会谦让；第三，通过讲授婚姻之礼，使民众得到男欢女爱；第四，通过讲授乐礼，使民众学会和睦相处；第五，通过讲授礼节仪式，使民众懂得尊卑有别之理；第六，通过讲述善良习俗，使民众安居乐业；第七，通过讲述刑罚规则，使民众知道做事的分寸；第八，通过誓戒一类方式，使民众慎重行事；第九，通过讲述各种制度，使民众做事有节制；第十，通过讲述累世相传的工艺技术，使民众掌握一定的技能；第十一，通过依据贤行而颁授爵位，使民众竞相崇尚美德；第十二，通过依据功劳而给予俸禄，使民众竞相建功立业。上述"十二教"要因地因人而异。

了解各地土壤情况以发展生产

大司徒要辨别各种土壤所适宜种植的东西，并制定有关地税，教民种植果木及谷类，趋利避害，使人口旺盛，鸟兽繁殖，草木生长。

用"土圭"测量土地和制定各封国的区域

凡建立一个封国，大司徒要用土圭测日影的方法测划土地，厘定其疆域。公爵的封域是方圆五百里，侯爵的封域是方圆四百里，伯爵的封域是方圆三百里，子爵的封域是方圆二百里，男爵的封域是方圆一百里。凡设立城乡，大司徒要先划定区域，在边界挖深沟植树木。按照规定的户数，土质最好的耕地，每户分给一百亩；土质中等的耕地，每户分给二百亩；土质下等的耕地，每户分给三百亩。

执行十二项荒年救济规则

遇到荒年时，大司徒要从十二个方面来救济灾民。第一，贷给民众谷种和食粮；第二，减轻各种租税；第三，宽缓刑罚；第四，免除徭役；第五，开放关市山泽的禁令；第六，免除市场货物的稽查；第七，简化祭祀方面的礼节仪式；第八，简化丧葬方面的礼节仪式；第九，收藏乐器而不演奏；第十，简化婚姻方面的礼节仪式；第十一，寻找、重修旧有而已废的祭祀；第十二，铲除盗贼。

对六种人给予特殊照顾

大司徒要对下列六种人给予特殊照顾，具体做法：一是爱护幼小的儿童；二是尊养年高德劭的老人；三是救助穷困的人；四是周济贫苦的人；五是宽免残疾人的劳役；六是安定富裕的人。

富民、教民

每年正月初一，大司徒开始向天下宣布教典，将其悬挂于官府外的阙上，让民众观看，十日之后再收藏起来。

教民的前提之一是将民众组织起来，办法是：五家编为一比，五比编为一闾，四闾编为一族，五族编为一党，五党编为一州，五州编为一乡。

教民的前提之二是让民众富裕起来。大司徒要把十二项富民之术教给民众：一是种植谷物；二是种植园圃；三是采集山泽的物资；四是养殖鸟兽；五是雕刻镶制有关器物；六是贩卖货物；七是纺麻治丝；八是采集野生果实；九是受雇于农工商贾从事各种生产劳动；十是学习道德文艺；十一是从事祖传手艺；十二是替官府服役。太宰是以"九职"治理民众，而司徒则以"十二职"教育民众。

以"乡三物"教育民众

大司徒要用乡学的三种教法来教化民众。第一种教法是六德，即智、仁、圣、义、忠、悌；第二种教法是六行，即孝、友、睦、姻、任、恤；第三种教法是六艺，即礼、乐、射、御、书、数。

以"乡八刑"约束民众

大司徒要以适用乡中的八种刑罚来纠察民众。第一是对尊亲不孝的刑罚；第二是对族人不睦的刑罚；第三是对亲戚不姻的刑罚；第四是对师长不敬的刑罚；第五是对朋友无信的刑罚；第六是对贫苦的人不加救济的刑罚；第七是对造谣惑众的刑罚；第八是对乱民的刑罚。

大司徒的助手是小司徒，其职权则是大司徒职权的具体而微。小司徒之下，属官要比天官繁多，大体可分为七类：第一类是掌管地方政教的官，计有十六职；第二类是掌管祭祀事务的官，计有六职；第三类是掌管地方劳役的官，计有十三职；第四类是掌管教育的官，计有六职；第五类是掌管市政及门关的官，计有十二职；第六类是掌管山林川泽的官，计有十五职；第七类是掌管粟米的官，计有八职。天官系统有六十二职，而地官系统则有七十八职之多，因此地官所掌实较天官繁复，是有关国计民生的要事。

3. 春官宗伯

春官宗伯位居六官之三，其职守可以归纳为"礼"，所以又称"礼官"。春官系统的首长是大宗伯，太宰掌"治典"，司徒掌"教典"，而宗伯则掌"礼典"。大体而言，宗伯所掌礼典可以分为下列几项。

掌管"五礼"方面的事务

这"五礼"是：第一，吉礼。它是祭祀天、地、人三方面的鬼神之礼，如以禋祀祭祀昊天上帝，以实柴祭祀日月星辰，以槱燎祭祀司中、司命、风师、雨师（以上属于天神系统）；以血祭祭祀社稷、五祀、五岳，以薶沈祭祀山林川泽，以疈辜祭祀四方百物（以上属于地祇系统）；以肆献祼祭祀先王，以馈食享先王，以祠春祭祀先王，以礿夏祭祀先王，以尝秋祭祀先王，以烝冬祭祀先王（以上属于人鬼系统）。第二，凶礼。它是丧葬、灾荒方面的礼节仪式，如以丧礼来哀吊死亡，以荒礼来救助饥荒与疫病的流行，以吊礼哀悼发生水火灾祸的地区，以禬礼相助被围而遭祸败的盟国，以恤礼慰问曾遭寇乱的邻国。第三，宾礼。它是天子、诸侯、盟国之间礼尚往来方面的礼节仪式。如诸侯春天朝见天子叫"朝"，夏天朝见天子叫"宗"，秋天朝见天子叫"觐"，冬天朝见天子叫"遇"。第四，军礼。它是有关军事活动方面的礼节仪式，如大田礼用以检阅徒众，大役礼用以征任徒众，大封礼用以会聚民众，等等。第五，嘉礼。它是有关喜庆活动方面的礼节仪式，如饮食礼用以敦睦宗族兄弟，昏冠礼用以使男女亲爱与成就德性，宾射礼用以亲近故旧朋友，享燕礼用以亲近四方宾客，贺庆礼用以和亲异姓诸侯之国，等等。

以"九仪"统一规定邦国的爵位

大宗伯要以九等任官的仪制，统一规定邦国的爵位。一命的官爵即可接受官府的职务；二命以上的官爵可以接受颁发的助祭于君的祭服；三命以上的官爵才可以为王朝正式的臣子；四命以上的官爵可以接受官府所发的祭器；五命的官爵可赐给方百里至二百里的土地；六命的官爵可赐给自置官吏的特权；七命的官爵可赐给方三百里至五百里的土地；八命的官爵可以为一州诸侯之长；九命的官爵可以为东西诸侯之长。

以"六瑞"作为区分各级贵族的等级差别的标志

"六瑞"是镇圭、桓圭、信圭、躬圭、谷璧、蒲璧六种玉器，也是天子、公、侯、伯、子、男六个等级身份的标志。天子执持镇圭，公执持桓圭，侯执持信圭，伯执持躬圭，子执持谷璧，男执持蒲璧。

以"六挚"作为区分臣民等级差别的标志

"六挚"是皮帛、小羊、雁、雉、鹜、鸡六种禽兽，也是孤卿、卿、大夫、士、庶人、工商六个等级的身份标志。孤卿执持皮帛，卿执持小羊，大夫执持雁，士执持雉，庶人执持鹜，工商执持鸡。

以"六器"作为祭祀天、地、四方的器物

"六器"是苍璧、黄琮、青圭、赤璋、白琥、玄璜六种玉器，用来祭祀天、地、四方。苍璧是祭天的器物，黄琮是祭地的器物，青圭是祭祀东方的器物，赤璋是祭祀南方的器物，白琥是祭祀西方的器物，玄璜是祭祀北方的器物。

"九命"所以辨贵贱，"六瑞""六挚""六器"是人们行礼时所用的器物。

大宗伯的助手是小宗伯，其职权则是大宗伯职权的具体而微。小宗伯之下，共有属官六十八个，大体可分为如下五类：第一类是掌"礼"（祭祀）之官，计有二十职；第二类是掌"乐舞"之官，计有二十一职；第三类掌"卜祝"（占卜、祝祷）之官，计有十六职；第四类是掌"文史星历"之官，计有七职；第五类是掌"车旗"之官，计有四职。春官系统总计有七十职。

4. 夏官司马

夏官司马位居六官第四，其职守总的来说就是掌"邦政"，因此它又被称为"政官"。夏官系统的首长是大司马，其职权约略可分为如下数段。

以"九法"处理国家军政大事

大司马的首要职责就是以"九法"辅佐君主处理军国大事。这"九法"是：第一，划定畿内畿外区域，处理分封诸侯之事；第二，设立诸侯与诸臣的礼仪，辨别他们的朝位，使邦国大小尊卑各有等差；第三，使诸侯国选拔贤士，举荐功臣给王朝；第四，设立州牧与封君，使他们上下联系；第五，建立军队，严格执行禁令；第六，合理分配各种贡税，使诸侯国按能力来负担；第七，核计各封国民众的人数，以便在有事需用的时候来召集；第八，均平地守与法则，以安定诸侯国。第九，使大国亲爱小国、小国事大国，和睦相处。

以"九伐"维持良好的社会秩序

"九伐"即九种制裁罪犯的法律规定。第一,诸侯中有以强凌弱,以大侵小者,那就削减他的土地;第二,有擅杀贤良、残害人民者,那就去征伐他;第三,有专行暴政,欺凌邻国者,那就革除他的封君职务,另立贤能;第四,有使田地荒芜,百姓逃散者,那就削去他的土地;第五,有自恃险固、不服节制者,那就派兵进入他的国境;第六,有无故杀害亲族者,那就拘执而惩治他的罪行;第七,臣下有放逐或杀害国君者,那就杀掉他;第八,有轻蔑国家政令者,那就禁止他们不得与邻国来往;第九,有悖乱外内人伦、行为如同禽兽者,那就诛杀他。

规定九畿制度

"九畿"是对王畿之外的九等贵族的封地区域的一种划分。大司马要按照九畿规定的册籍,对下列封君贵族施贡分职。第一,王畿外面方五百里是侯畿;第二,侯畿外面方五百里是甸畿;第三,甸畿外面方五百里是男畿;第四,男畿外面方五百里是采畿;第五,采畿外面方五百里是卫畿;第六,卫畿外面方五百里是蛮畿;第七,蛮畿外面方五百里是夷畿;第八,夷畿外面方五百里是镇畿;第九,镇畿外面方五百里是蕃畿。

制定征调兵役之法

大司马要依据土地的美恶与人民的众寡来制定征调兵

役之法。上等肥美的土地可以耕种的有三分之二，每家可以充任兵役的有三个人；中等土地可以耕种的有二分之一，每两家可以担任兵役的有五人；下等土地可以耕种的有三分之一，每家可以充任兵役的有二人。

主持军事训练

从每年仲春开始，大司马主持一系列军事训练。司马竖立旌旗召集徒众，整编队形和作战的阵势，辨明鼓铎镯铙的用处。王者执持路鼓，诸侯执持贲鼓，军将执持晋鼓，师帅执持提鼓，旅帅执持鼙鼓，卒长持铙，两长执铎，伍长持镯。教导兵众们坐下、起立、进退、距离疏密远近的节度，然后举行春季田猎，肆师、甸祝等官先进行名为貉的祭祀，以约束参加田猎的民众，然后击鼓围猎，焚烧野草的火熄灭了，停止田猎，晋献所猎得的禽兽祭祀土地神。每年仲夏，教导兵众们夜战宿营的方法，整列阵势和仲春训练时一样，夏季田猎的程序与春季田猎亦相同。每年仲秋，教导兵众练习作战，其整个过程与春季训练大体相同。每年仲冬，举行大校阅礼仪，在大校阅的前几天，官长们要告诫他们的部属，颁布作战的法则，虞人铲除田猎与演习地方的野草，每隔一百步设立一个标志，三百步设立三个标志。官长们各自率领他们的徒众和各种旗物鼓铎镯铙等配备前来报到。天亮了，拿掉竖立的旗帜，处罚迟到的人。于是陈列车辆兵员，命令他们坐下，官长们站在队伍的前面来听誓戒，斩杀用来祭祀的动物，告诉徒众；如果不遵守命令，不勇敢杀敌的，就要杀掉他们。凡列阵势，险阻的地方，步兵在前；平坦的地方，兵车在前，步兵在后。田猎时，捕得大禽兽要上缴公家，捕得小禽兽可以据为己有。凡捕得禽兽的，把禽兽的左耳朵割下来，凭此计算捕猎者的成绩。

大司马的助手是小司马，其职权是大司马职权的具体而微。小司马之下的属官，约略可以划分为如下七类：第一类是掌管军旅事务的官；第二类是掌管防御事务的官；第三类是掌管马政事务的官；第四类是掌管兵甲事务的官；第五类是掌管王室军务的官；第六类是掌管四方邦国事务的官；第七类是掌管杂事的官，如负责驯养鸟、猛兽等。司马之职，实以军事和封建为两大项。整个夏官系统总计有七十个官职。

5. 秋官司寇

秋官司寇位居六官第五，其职权概括起来，可以归为司法，故它又被称为"刑官"。秋官系统的首长是大司寇，其职权细分起来，约有如下数段。

对不同地区采取不同的刑事政策

对新建立的封国施行刑罚用轻典；对承平的封国施行

刑罚用中典；对叛逆篡弑的封国施行刑罚用重典。这就是说，根据政治形势的差异，对不同地区采用轻刑、中刑和重刑不同的政策。

以"五刑"来纠察万民

此"五刑"，第一是施行于野地的刑罚，目的在于鼓励农功，纠举不勤力的人；第二是施行于军中的刑罚，以鼓励遵守命令的人，纠举不尽职守的人；第三是施行于乡里的刑罚，以表彰有道德的人，纠举不孝顺的人；第四是施行于官府的刑罚，以鼓励贤能者，纠举失职者；第五是施行于国中的刑罚，以鼓励谨慎的人，纠举不恭的人。

利用"圜土"（监狱）改造罪犯

凡过失伤害人的罪犯，把他们关在圜土（监狱）里，叫他们做力所能及的事情，把他们的罪行写在方板上，挂在背上，让他们觉得是一种耻辱。如果能改过的，释放以后可以自由出入国中，但不得与普通平民列叙长幼年齿；不能改过的，若敢逃，出监狱，捕得即杀。

打官司须交纳诉讼费用

凡有诉讼，必须双方当事人亲自到庭，交纳一百支矢作诉讼费，然后司法官才受理。交纳诉讼费的目的是尽量减少民间的诉讼。民众如有合同纠纷，必须交上双方订立的合同契约，并交来三十斤金作为诉讼费用。三天以后，传唤双方当事人亲自到庭，然后审理。

用"嘉石"感化不良的莠民

凡民众中有不当行为但尚未触犯刑法的,加上脚镣手铐,命令他们坐在嘉石上。坐过之后,再把他们交给司空,罚作劳役。对于那些犯有重罪的,命令他们在嘉石上坐十三天,罚做一年的劳役。对于那些犯有轻罪的,命令他们在嘉石上坐九天,罚做九个月的劳役。再轻一点的,在嘉石上坐七天,罚做七个月的劳役。又轻一点的,在嘉石上坐五天,罚做五个月的劳役。最轻的,在嘉石上坐三日,罚做三个月的劳役。罚完了,必须有担保人的保证,才能释放他们。

特置"肺石"以方便人们告状

凡畿内畿外孤苦伶仃者,如果有事要呈告天子与太宰,而他们的地方行政长官不肯代为转达的,可以在中央政府特置的肺石上站三天,之后便有朝士来接受他们的诉状,转达给天子和太宰。

颁布成文法

每年的正月初一,大司寇向天下颁布成文刑法,悬挂在阙上,让百姓们观看,十日之后再把它收藏起来。

大司寇的助手是小司寇。其职守中值得注意的是:第一,负责外朝的政务,主要是在下列三种情况下征询民众的意见,一是国家遇到了危难,二是需要迁徙国都,三是需要选择嗣君。第二,以"五听"方式来审案。"五听"是"辞听""色听""气听""耳听""目听",小司寇在审案时要根据被告言语、脸色、呼吸、听觉、视觉是否有异样的表现来判断,若有异常现象,那就肯定是罪犯。第三,以"八议"来优待达官贵人。凡属"议亲""议故""议贤""议能""议功""议贵""议勤""议宾"八种范围内的达官贵人,都享有减刑或免刑的特权。第四,以"三刺"方式来确定对老百姓的定罪量刑。对于普通的老百姓的刑事案件,小司寇要首先征询群臣的意见,决定是否该杀(一刺);其次是征询群吏的意见(二刺);复次是征询民众的意见(三刺)。根据他们的意见"是该杀或是宽恕",科以重或轻的刑罚。

小司寇之下的属官,约略可分为如下五类:第一类是掌管刑事诉讼的官,计有十一职;第二类是执行刑禁的官,计有二十一职;第三类是掌管盟约宪令的官,计有五职;第四类是负责打扫卫生的官,计有十六职;第五类是掌管与诸侯蛮夷往来的官,计有十职。整个秋官系统共有六十五个官职。

6. 冬官司空

冬官司空位居六官最后,其首长为"大司空",但遗憾的是,《周礼》"冬官篇"已全亡,汉代学者以《考工记》补上。《考工记》本别为一书,是战国时期的一部重要科技著作,记述手工业技术。内容按木工、金工、皮工、设色工、刮摩工、抟埴工六类，分别对车舆、宫室、兵器、礼乐诸器等的制作工序做了较详细的记载。其中攻木之工有七人，攻金之工有六人，攻皮之工有五人，设色之工有五人，刮摩之工有五人，抟埴之工有二人。

上面我们叙述了《周礼》的基本内容。《周礼》六官的设立是按照阴阳五行学说进行的。在阴阳五行学说中，天地即阴阳，春夏秋冬四时即五行，是自然界的纲纪。"阴阳者，天地之大理也；四时者，阴阳之大经也"（《管子·四时》），天地四时化育了万物。《周礼》设官的理论构想与之一脉相承：天地四时六官化生了360余官，象征周天360多度，360余官又统摄邦国万民。汉代经学大师郑玄说此有"述天授位之义"，《周礼》六官兼包阴阳与五行。

天为阳、地为阴，《周礼》据此首设《天官冢宰》，次设《地官司徒》。五行是金、木、水、火、土。木为春，火为夏，秋为金，冬为水，中央为土，《周礼》据此设立了《地官司徒》《春官宗伯》《夏官司马》《秋官司寇》《冬官司空》。彭林先生在《〈周礼〉主体思想与成书年代研究》一书中指出，《周礼》中的地官既有阴阳之阴义，亦有五行之土义。如此看来，阴阳五行思想隐含于《周礼》六官之中，指导着设官分职和体国经野的布局。而阴阳五行学说的基本精神是"天人合一""以人法天"，所以《周礼》序列六官绝非随意为之，而是独具匠心，它的确是一幅井然有序的政治蓝图。

二　一桩聚讼未决的学术公案
　　——《周礼》的成书年代

　　《周礼》是十三经中的一部大经,也是问题和难点最多的古籍之一,其成书年代则更是学术界聚讼千年、迄今未决的著名悬案。

　　1.《周礼》源流

　　《周礼》一书,问世于西汉景帝、武帝之际。《汉书·艺文志》"六艺略·礼类"有"《周官经》六篇",东汉班固注释道:"王莽时,刘歆置博士。"东汉荀悦《汉纪》云:"刘歆奏请《周官》六篇,列之于经,为《周礼》。"唐代陆德明《经典释文·叙录》云:"王莽时,刘歆为国师,始建立《周官经》,以为《周礼》。"由此可见,《周礼》一书,西汉旧题为《周官》,刘歆奏《七略》时犹沿用此称。王莽代汉时,更其名为《周礼》,并列为礼经。

然而《周礼》一书又不是刘歆首先发现的,相传是西汉的河间献王刘德(汉景帝的儿子)搜集来的。刘德从何处搜集来的?又有两种说法,一说是《经典释文·叙录》所言的:"河间献王开献书之路,时有李氏上《周官》五篇,《失事官》一篇,乃购千金,不得,取《考工记》以补之。"这就是说,刘德是从李氏那里得到《周礼》的。另一种说法是《周礼》一书系刘德得自山岩屋壁,马融《周官传》言:"孝武帝始除挟书之律,开献书之路。既出于山岩屋壁,复入于秘府(皇家书库),五家之儒莫得见焉。至孝成皇帝,达才通人刘向、子歆校理秘书,始得列序,著于《录》《略》。然亡其《冬官》一篇,以《考工记》足之。"马融是刘歆的三传弟子,其说当最有权威。

自从王莽居摄,便一心模仿周公的行为,实行周公的制度,预备夺取汉家的皇位,国师刘歆在皇家书库里发现了这部书,献给王莽,从此《周礼》就走了红运,立于博士。等到王莽政权失败,这部"国典"当然被废掉。但儒生们依然在私下里学习。到了东汉初年,刘歆的门徒、河南缑氏人杜子春设席授业,传授《周礼》之学,郑众、贾逵等当时的硕学鸿儒均仰承其说,一时《周礼》之学大盛,注家蜂起,郑兴、郑众父子、卫宏、贾逵、马融等竞相为《周礼》作解诂。至东汉末年,经学大师郑玄又博综众家、兼采今古文之说,作《周礼注》。郑玄说:"周公居摄而作六典之职,谓之《周礼》,营邑于土中。七年,致政成王,以此礼授之,使居洛邑治天下。"认为《周礼》就是周公为成王所制官政之法。由于郑玄在经学界的声望,《周礼》一跃而居三礼(《周礼》《仪礼》《礼记》)之首,成为儒家的重要经书。

古今注释《周礼》的书很多,最重要的是三家:东汉郑玄《周礼注》,唐代贾公彦《周礼注疏》,清代孙诒让《周礼正义》。

郑玄的注本成于东汉末年,是在杜子春、郑兴、郑众、贾逵、马融诸家旧注的基础上完成的。实际上是给《周礼》学作了第一次总结。《周礼》郑注简奥融通,功力最深,实为学习《周礼》必读的书。

贾公彦的疏本成于唐初,它是阐释郑注的。此书旧谓原出沈重《〈周官〉义疏》,实际上已包括魏晋六朝诸家之说,贾公彦在唐初为《周礼》学作了第二次总结。朱熹《朱子语类》论唐人诸经义疏,说"《周礼注疏》最好",是有根据的。

孙诒让的正义本成于清末,博采宋元明清诸家之说,疏通证明,折衷至当,在清人诸经新疏中,没有超过此书的,可以说是截至目前对《周礼》的最后一次总结。

郑玄《周礼注》通行版本很多,以四部丛刊影明翻宋刊本为最佳。贾公彦《周礼注疏》，阮元刻《十三经注疏》附校勘记本较好。董康诵芬室用宋梁影印《周礼疏》五十卷最称善本，然不易得。孙诒让《周礼正义》有光绪三十一年铅印本和1988年中华书局本。

2.《周礼》成书年代的争议

作为一部古文经，《周礼》一问世就遭到今文经学家的种种非议。郑玄的同乡后进林孝存"以为武帝知《周官》末世渎乱不验之书，故作《十论》《七难》以排弃之"（贾公彦《序周礼废兴》），郑玄作书答其难，从而拉开了论战的序幕。此后诘难《周礼》者史不绝书，歧见迭出，争论的焦点是，《周礼》究竟成书于何时？将诸家看法略作归纳，至少有以下数说（参考了彭林《〈周礼〉主体思想与成书年代研究》一书中的有关内容）。

《周礼》为周公手作

此说始创于刘歆，郑玄、贾公彦附和之。其后，历代名家大儒多持此说。如宋代儒学大师朱熹说："《周礼》是周公遗典也"，"《周礼》一书好看，广大精密，周家法度在里"（《朱子语类》卷八十六）。清代汉学家孙诒让说："此经建立六典，洪纤毕贯，精意眇旨，弥纶天地，其为西周政典，焯然无疑"（《周礼正义》卷一）。他认为《周礼》一书是周公对西周以前经世大法的总结，他说："粤昔周公，绩文武之志，光辅成王，宅中作洛，爰述官政，以垂成宪，有周一代之典，炳然大备。然非徒周一代之典也，盖自黄帝、颛顼以来，纪于民事以命官，更历八代，斟酌损益，因袭积累，以集于文武，其经世大法，咸萃于是。"(《周礼正义》序）。

中国封建时代的学者大多笃信此说，历代研究《周礼》的著作堪称浩繁，但持此说者最多。在宋代有王安石《周官新义》，王昭禹《周礼详解》，叶时《礼经会元》，郑伯谦《太平经国之书》，易袚《周官总义》，杨杰《周礼讲义》，黄度《周礼五官说》，胡铨《周礼传》，陈博良《周礼说》，朱申《周礼句解》，俞廷椿《周礼复古编》，王与之《周礼订义》；在元代有毛应龙《周官集传》，丘葵《周礼全书》，吴澄《周礼考注》；在明代有王应电《周礼传》，陈凤梧《周礼合训》，魏校《周礼沿革传》，舒芬《周礼定本》，陈深《周礼训注》，柯尚迁《周礼全经释原》，金瑶《周礼述注》，周即登《周礼说》，郭良翰《周礼古本订注》，孙攀古《周礼释评》，王志长《周礼注疏删翼》，张采《周礼合解》；在清代有李钟伦《周礼训纂》，惠士奇《礼说》，江永《周礼疑义举要》。

《周礼》作于西周

日本学者林泰辅在《周官著作时代考》一文中，详尽地分析了《周礼》所见天神、地祇、人鬼，以及伦理思想、政治制度等，认为此书作于西周末期的厉王、宣王、幽王时期。近人蒙文通先生认为，《周礼》"虽未必即周公之书，然必为西周主要制度，而非东迁以下之治"（《从社会制度及政治制度论周官成书年代》，《图书集刊》第一期）。

《周礼》作于春秋

近人刘起釪先生认为："《周礼》一书所载官制材料，都不出春秋之世周、鲁、卫、郑四国官制范围，没有受战国官制的影响。"（《〈洪范〉成书时代考》，《中国社会科学》1980年3期）

《周礼》作于战国

此说始于东汉经师何休。他认为《周礼》是"六国阴谋之书"（贾公彦《序周礼废兴》）。清代学者崔述《丰镐考信录》，皮锡瑞《经学通论》；近代学者钱穆先生《〈周官〉著作时代考》，郭沫若先生《〈周官〉质疑》，顾颉刚先生《"周公制礼"的传说和〈周官〉一书的出现》，范文澜先生《经学讲学录》，杨向奎先生《〈周礼〉的内容分析及其著作时代》，港台学者黄沛荣先生《论周礼职方氏之著成时代》等，均持此说，成为目前学术界最有影响的说法。

《周礼》作于周秦之际

清代学者毛奇龄说"此书系周末秦初儒者所作"（《经问》卷二），近代学者梁启超说"这书总是战国、秦、汉之间，一二人或多数人根据从前短篇讲制度的书，借来发表个人的主张"(《古书真伪及其年代》第125页,中华书局1955年版),魏了翁疑为"秦汉间所附会之书"(《鹤山文钞·师友雅言》),胡适因《周礼》屡屡有"祀五帝"之语,故说"其为汉人所作之书似无可疑"(《论秦時及〈周官〉书》,《古史辨》第五册)。陈连庆先生《周礼成书年代的新探索》一文认为"《周礼》制作年代的上限,不早于商鞅变法","它的下限也不会晚于河间献王在位之时","《周礼》成书年代的最大可能,是在秦始皇帝之世"(《中国历史文献研究》第二辑)。港台学者史景成先生《周礼成书年代考》一文认为,此书作于《吕氏春秋》以后,秦统一天下之前。日本学者池田温先生认为:"《周礼》基本上为战国时代思想家的构想,至汉代始以如今日所见的形式固定下来成书。在其内容中,作为素材的那些被认为是从周至春秋战国的诸制度和诸事物,乃是经过种种加工而收入进去的。"(《中国古代籍帐研究》第39页,中华书局1987年版)

《周礼》系刘歆伪造

此说始倡于宋人,代表人物是胡安国、胡宏父子,其目的是借以反对王安石援《周礼》变法。胡宏认为,刘歆伪造《周礼》是为了"附会王莽,变乱旧章,残贼本宗,以趋荣利",故"假乱《周官》之名,剿入私说,希合贼莽之所为耳"(《胡宏集》第259-260页,中华书局1987年版)。洪迈《容斋续笔》,清末今文经学家廖平《古学考》、康有为《伪经考》等力主此说。钱玄同先生《答顾颉刚先生书》、杜国庠先生《略论礼乐起源及中国礼学的发展》等文亦持此说。这一派意见目前在港台较有影响,徐复观先生《周官成立之时代及其思想性格》、侯家驹先生《周礼批判》《周礼思想渊源》等文均持此论。

《周礼》成于汉初高祖至文帝之际

彭林先生在其博士学位论文《〈周礼〉主体思想与成书年代研究》中指出,《周礼》的主体思想由儒、法、阴阳五行等三家复合而成,呈现出"多元一体"的特点,其成书年代在汉初高祖至文帝之际。

以上诸说,前后相差一千余年,其中只能有一种意见是正确的,或接近于正确。但孰是孰非,至今仍争执不已,疑者自疑,信者自信。

3.《周礼》成书年代研究方法的差异

《周礼》的成书年代问题,激烈争论了20个世纪之久,至今莫衷一是,犹未止息。这或许与各家所采用的研究方法有一定关系。各家的研究方法大体上可以归纳为以下三种(本书参考了彭林《〈周礼〉主体思想与成书年代研究》)。

将《周礼》与其他古文献相比较

这是用一种成书年代比较确定的文献与《周礼》作对比,通过其异同进而确定《周礼》的成书年代。

一些认为《周礼》非西周典籍的学者指出，如果《周礼》确是西周典籍，那么为何所有先秦文献中都没有它的影迹？诸子百家争鸣，好称引古今，《书》《诗》《易》等书，屡屡被征引，何以唯独对《周礼》置若罔闻？相反，西汉文献与《周礼》相似或相同之处却很多。王国维《观堂别集后编·书毛诗故训传后》指出《周礼》与西汉《大戴礼记》、贾谊《新书》有许多同文之处。

许多学者从《周礼》所载各种制度上进行比较研究。他们把《周礼》与先秦文献相比较，或指出某一制度谬于史实，或证明某一制度为晚出，以此推定其成书年代。例如，关于《周礼》设官，宋人欧阳修统计，"略见于经者五万余人"，"其不耕而赋，则何以给之"（《文忠集》卷四八），因而它有"官多田少，禄且不给"之疑。清人李滋然统计，《周礼》官员总数有三十三万左右（包括畿内诸侯国，不包括冬官），他说："秦汉而后，混一舆图，幅员最广，合宇内而使吏治之，设官之繁尚不如此，而谓周初封建之世，政简刑清，王畿千里，设官乃如此之多，周公致太平之际，恐不如是。"（《周礼古学考》）这是指责《周礼》官员数量太多不合乎事理。此外，《周礼》五等之爵，九畿之服、井田沟洫之制、南郊北郊之说、九州十二境闽蛮夷貊等等，都曾有学者诘难。

用金文材料与《周礼》相比较

杨筠如先生的《周代官名略考》是最早系统地利用金文材料研究《周礼》的作品。其后,又有郭沫若先生的《周官质疑》、斯维至先生的《两周金文所见职官考》、徐宗元先生的《金文中所见官名考》、陈梦家先生的《西周铜器断代》、日本学者白川静先生的《金文通释》、张亚初和刘雨先生的《西周金文官制研究》、陈汉平先生的《西周册命制度研究》等论著,都是用金文研究《周礼》的成果。但所得出的结论却大不相同。郭沫若先生《周官质疑》断言《周礼》并非西周作品而系战国之作。陈汉平先生的《西周册命制度研究》则称《周礼》是可信的西周史料。

应该看到,用金文材料来研究《周礼》是有其局限性的,因为铜器的出土是零星的、分散的,时代或先或后,缺环也不少。张亚初和刘雨先生在《西周金文官制研究》中认为:"《周礼》中有四分之一以上的职官在西周金文中可找到根据。"如其说不误,则犹有近四分之三的职官于金文无证,因而无法与《周礼》作全面比较。

从思想史的角度研究《周礼》

近代有些学者开始将目光转到《周礼》思想的时代特征上,他们着力研究此书的思想脉络。如钱穆先生《〈周官〉著作时代考》一文,分析了《周礼》祀典、刑法、田制等所反映的思想,证明此书作于战国。杨向奎先生《周礼内容的分析及其制作时代》一文,剖析了此书的学术思想、宗教思想以及社会经济制度、政治制度等,判定其"出于齐国有儒家气息的法家"顾颉刚先生《"周公制礼"的传说和〈周官〉一书的出现》一文,从《周礼》重视治官、颁法、读法等,推断其出于齐国的法家。徐复观先生的《周官成立之时代及其思想性格》一书,较全面地分析了《周礼》的思想线索及其背景,认为此书受到了《管子》《大戴礼记》《淮南子》以及董仲舒、桑弘羊等人思想的影响,由王莽草创于前,刘歆整理于后。侯家驹先生《〈周礼〉思想渊源》一文也认为此书为王莽伪作,其思想源自阴阳家、法家、儒家与秦汉之制。彭林先生在《〈周礼〉主体思想与成书年代研究》一书中指出,《周礼》卷首太宰的"六典""八法""八则""八柄""八统""九职""九赋""九式""九贡""九两"等十条官法,是作者治国思想的总纲,其余各官的官法则是其细目,以此为脉络,可以从总体上把握住全书的思想体系。彭林先生认为,《周礼》的主体思想是以儒家为本,兼取法、阴阳五行思想,其成书年代在汉初高祖至文帝之际。

本书认为,彭林先生的看法是比较妥帖的。秦王朝的灭亡,在秦汉之际的思想界掀起了一场轩然大波,历史要求他们反思和总结秦王朝的功过得失。《周礼》以儒法结合为指导思想,即属这一反思后的结果。它虽以儒学为本,但已充分汲取了法家思想，亦采用了阴阳五行学说，撷拾先秦旧制，参以当时新制，设计了这一部宏伟的治国模式，以供统治者采用。

但本书不拟在《周礼》的成书年代、内容真伪等争论已久的问题上泼墨费笔，而着意于探索《周礼》在历史上对中国文化的发展曾经起了何种作用，它怎样塑造了中国的民族性格。

三 中国特色的"君主民本"式的政治结构
——《周礼》与中国政治文化

作为一种治国模式,《周礼》试图建立的是一种"君主民本"式的政治结构。在这一结构中,君主专制是核心、灵魂,而"民本"原则则是其基础、前提。也就是说,君主可以实行专制,但需顺应民心,在民意许可的范围内实行专制。在今人看来,这无疑是相当矛盾的,但在《周礼》的作者看来,却是可以统一起来的。

贯穿《周礼》最基本的思想是君主专制。《周礼》开宗明义说道:"惟王建国。辨方正位,体国经野,设官分职,以为民极。"大意是说,只有王才能分封诸侯和立国,选择和确定国都、宫室的方位,列序君臣之位,划分国野疆域,任命百官,规定职守,为民确立榜样。《周礼》载太宰"以八柄诏王驭群臣:一曰爵,以驭其贵;二曰禄,以驭其富;

三曰予，以驭其幸；四曰置，以驭其行；五曰生，以驭其福；六曰夺，以驭其贫；七曰废，以驭其罪；八曰诛，以驭其过"。这八柄为王所有，太宰只是协助王来行使，因此，王拥有对其臣下生杀予夺之大权。《周礼》六官职责中都有对下级官吏推行考课、检查的规定，但是没有对王的监督制约机关。六官全部是王的臣子仆从和办事人员，一切权力机构都是君主的办事机构。

但《周礼》中的君主专制不是法家那种赤裸裸的专任暴力的君主专制。它反复强调要注意"以地得民""以贵得民""以贤得民""以道得民""以族得民""以利得民""以治得民""以任得民""以富得民"（《周礼·太宰》）。如何"得民"是君主所应着力考虑的问题。因此，在《地官司徒》中，《周礼》的作者详细规定了如何通过井田制使民富裕起来，如何通过官办学校使民接受知识教育，这与孔子"富民""教民"的主张完全一致。在"富民""教民"的基础上，《周礼》主张在一些重大问题上，君主要咨询民众的意见。《秋官司寇》中的"小司寇"之职，曾谈到"掌外朝之政，以致万民而询焉"。《地官司徒》谈到"乡大夫"一职时，也有一项谈到，王"大询于众庶，则各帅其乡之众寡而致于朝"。这两处讲的询万民，事实上是一种民众大会，这种大会主要解决三个问题"一曰询国危，二曰询国迁，三曰询立君"，即国家有兵寇之难、迁都邑、王无嫡而选庶子为嗣时要询于众庶。显然这是一种咨询制，它虽然不应与民主制混为一谈，但多少具有一点集思广益的民主精神，有别于先秦法家纯任暴力的君主专制。

为了保证君主专制在民心所可的范围进行，《地官司徒》设有"师氏"和"保氏"两职。师氏的职责是不断地向君主讲述正确的道理、善良的品德；保氏的职责则是随时向君主指出他的缺点错误，劝其改正。除此之外，师氏和保氏还负有教育培养太子（未来的君主）的责任，使他在即位以前就熟知君主的行为规则。师氏要给太子讲述"三德""三行"。三德：第一为至德，这是做人的根本；第二是敏德，这是行事的根本；第三是孝德，这是要知道不可以做逆恶的事情。三行：第一为孝行，亲爱父母；第二是友行，尊敬贤良；第三是顺行，尊事师长。保氏要教给太子"六艺""六仪"。六艺：第一为五礼，即吉礼、凶礼、宾礼、军礼、嘉礼；第二是六乐，即六种不同的乐舞；第三是五射，即五种不同的射技；第四是五驭，即五种不同的驾车技术；第五是六书，即象形、会意、转注、指事、假借、形声六种文字构造运用规则；第六是九数，即九种算术方法。六仪：第一为祭礼的容仪；第二是宾客的容仪；第三是朝廷的容仪；第四是丧事的容仪；第五是军旅的容仪；第六是驾驭车马的容仪。

富民、教民，在重大问题上听取民众的意见，虚心纳谏，这是先秦以来所形成的民本思想的重要内容。《周礼》正是以此为基础构筑了君主专制框架，我们不妨将其称为"君主民本"式的政治结构和政治价值观念。

《周礼》"君主民本"式的政治结构截然不同于法家的以君主绝对专制为特征的政治结构。法家没有民本观念，相反倒是主张采用愚民、弱民政策。弱民，又称胜民，这是法家的主流思想。《管子》中的法家派著作及《商君书》《韩非子》都有论述，其中以《商君书》论述最详。弱民包括政治、经济、文化各个方面。政治上弱民之术主要是严刑苛罚和奖励告奸。《商君书·弱民》说："政作民之所恶，民弱。"意思是，政令实行人民所厌恶的东西，人民就会变弱。民众大都怕苦、怕死，因而政令就要用苦与死来时刻威胁他们，使之处处感到如临深渊，如履薄冰，这样民众自然会变得温顺、怯懦。在民众之间，要倡导"告奸"，反对"用善"。《商君书·说民》说"用善则民亲其亲，任奸则民亲其制"，"任奸则罪诛"。"用善"（表彰善行）的结果是老百姓只知自己的宗族利益而不知君主利益，"任奸"（奖励告密）的结果则是老百姓们都遵守国家的政令。弱民政策落实到经济上，就是要通过行政手段使民不停地由穷变富，再由富变穷。法家认为民穷则思富，富则淫。如何解决这个矛盾呢？那就要设法使民在穷富之间不停地循环转化。《商君书·说民》云："治国之举，贵令贫者富,富者贫。"贫者富、富者贫,君主既然操纵了民众贫、富转化之机,那么毫无疑问,在这种转化中,君主会变得越来越强,民则会变得越来越弱。在文化上,则要实行最严酷的愚民政策。除了学习法令之外,民众不得学习其他任何东西。要取缔法令之外的异说,对持异说者,非禁即诛。《管子·法法》说:"倨傲易令、错仪画制、作议者,尽诛。故强者折,锐者挫,坚者破,引之以绳墨,绳之以诛僇。"如此一路杀下去,"民毋敢立私议自贵者","万民之心皆服而从上"。韩非进一步提出以吏为师,"境内之民,其言谈者必轨于法"(《韩非子·五蠹》)。总之,要使人民只知道服从、听命,此外不得有任何知识与想法。

从历史实践来看,封建社会的绝大多数统治者采用了"君主民本"式的统治方案,而摒弃了法家那种以愚民、弱民为手段,专制暴力的君主绝对专制的统治方案。从《周礼》一书来看,"君主民本"式的政治结构大体上包括如下几项内容。

1. 内朝与外朝

根据《周礼》"阍人""朝士""司士""大仆"等条记载,处理军国大事的中央机构有内朝和外朝之分。内朝有两个,外朝有一个。从地理上来说,内朝和外朝的区分是因它们的所在地与天子住所的远近不同造成的。对应着天子住所,共有五道门。由外而内,依次有皋门、库门、雉门、应门、路门。外朝离天子住所最远,在库门外。内朝离天子住所最近,一个内朝(其名为治朝)在路门外;另一个内朝(名字叫燕朝)就设在天子住所内,即路门以内。从组成人员来说,外朝由那些官位高、爵位尊的中央执政大臣组成;内朝则由那些位卑官低的王子侍臣、宠臣或天子亲戚组成。从职权来看,外朝虽为法定的、正式的中央政府,但它却要受制于内朝,执行来自内朝的命令;内朝虽不是法定的、正式的中央政府,但因它平常贴近天子,所以具有出纳王命、向外朝发号施令的重要权力。外朝是有名无实,内朝则是无名有实,而天子正是通过这种使内、外朝相互牵制的办法,确保自己的至尊地位稳如泰山。

《周礼》关于内朝与外朝的设计,极大地影响了中国封建社会的行政管理体制。历代封建王朝基本上承袭沿用了这一设计方案。大体而言,宰相府位于皇帝的宫门之外,属于外朝,是正式的中央政府机构。宫门以内,又有两个机构:一为宫廷(或曰朝廷),是皇帝与大臣商议军国大事的地方;一为省,是皇帝平常衣食起居的地方。这样一来,封建社会的官吏就可以约略地分为三类:一类是在省中工作和经常居住省中或虽不经常住居省中但其关系与省特别密切的官吏,可以叫作省官。第二类是设在省外宫内的官吏,可以叫作宫官。第三类是设在宫外的官吏,可以叫作外官。这三类官的办公地点实际上就形成了《周礼》所勾勒的外朝（外官相府）、治朝（宫廷、宫官）、燕朝（省、省官）。

那么，这三类官之间，存在着一种什么样的关系呢？先说宫官与外官，从历朝史实来看，皇帝往往利用宫官与外官做斗争，因为宫官距离皇帝较近，在内；外官（宰相）距离君主较远，在外；所以斗争的最后结果则往往是外官的权力被削弱，而转移到宫官手中。省官与宫官的关系又怎样呢？两者虽然都在宫内，但省官平常就待在皇帝身边，宫官较之省官要离皇帝远一点，因此省官天天活动在皇帝身边，容易得到皇帝信任，皇帝为了防范宫官，又常常利用省官与宫官做斗争，其结果则往往又是宫官的权力被削弱，而转移到省官手中。

因为省官、宫官与外官之间存在着一种距离皇帝远近的关系，与皇帝空间距离愈近的，愈容易得到信任，所以贪权好势的人，多以居（宫）内官为得志，向（宫）外迁为失意。政敌斗争，亦以将对方由内官排挤为外官作为手段。皇帝则想利用内官，由宫外而宫内而省中，将权力向内集中。大臣却又维护外官，由省中而宫内而宫外，将权力向外争夺。整个封建官制史几乎就是一部内官（内朝）不断取代外官（外朝）的历史。

西汉自武帝时起，便宠信近臣，令其充当中书令、侍中、给事中等高级侍从官职，出入禁中，与闻国政。这样，管理国家的实权就逐渐由皇帝宫门外的相府（外朝）向宫门内的宫廷（内朝）转移。汉武帝在宫内设立了尚书台，其成员原来不过是些掌管往来章奏的机要秘书，现在却成了披阅奏事、顾问应对、参与国家机密的重要人物。尚书台置尚书四人，分四曹（四个部门）以处理政务；常侍曹负责处理有关丞相、御史的事务；二千石曹负责处理有关刺史和俸禄为两千石之官的事务；户曹负责处理吏民向皇帝上书的事务；客曹负责处理外交事务。由此可见宫中内朝的首要任务是监管外朝的丞相、御史等。汉成帝时，又设立三公曹负责处理刑狱方面的事务。显然尚书台已由原来的秘书性质演变为处理军国大事的权力机构。它在处理政务时，并不需要和外朝的丞相府共同商讨，处理的结果也不必告诉丞相而是直接呈送皇帝。

尚书台属于宫官，皇帝利用它挤垮、架空了外朝宰后，它的权势就更集中了。这样久而久之，皇帝对尚书台又不放心了，于是便在自己居住的宫内省中另设一内朝，以牵制尚书台。此事发生在曹魏曹丕称帝以后。他为了牵制日益发展的尚书台的权力，便将原来的秘书监改为中书省，设中书监、令。中书监、令在秦汉时仅为掌管省中书记的小官，多以宦官充任，曹丕则以仕人充任。由于中书更接近皇帝，负责审理章奏，草拟诏旨，掌管机要，因此权力不断加强。

中书省成立以后，出纳王命、敷奏万机之权，渐由宫官（尚书省）移向省官（中书省）。随着中书省权力增大，事务日多，它不宜再设于省中。因为这会有碍皇帝的人身安全和休息。所以它从省中移到了宫内，由省官变成了宫官。此外，随着中书省权势日盛，皇帝又唯恐其侵犯到自己的专制大权，因此在魏晋时便逐渐采取侍中参与大政的办法，以钳制中书省职权的行使。

侍中在秦时是侍从和备皇帝顾问的有关天象、文学、礼仪的小官，因为职掌殿内往来奏事和侍从皇上，故谓之侍中。至西汉中叶职权开始逐渐提高，东汉中叶开始建置侍中寺，晋代则发展为门下省，所主管的政事也不断扩大，凡属军国大事，皇帝都要征询侍中的意见，由侍中"尽规献纳，纠正违阙"，利用他们牵制宫官和外官。

由此可知，魏晋南北朝时期形成的中央三省制度，事实上都是省官、宫官相互斗争，省官演化为宫官的结果，也是内朝逐渐取代外朝的结果。

魏晋南北朝时期，三省并非正式的中央政府，三省长官也非当朝宰相，这一时期太宰、太傅、太保三公是名义上的宰相，但毫无实权。三省都设于宫内，尽管在宫内存在着省官与宫官的权力争斗，但宫外的三公始终处于无权地位。

到了唐代，尚书省、中书省、门下省长官并为宰相，全都迁出宫外，转为外朝。中书省是决策机关，负责审理尚书省及其他机关的章奏公文，并根据皇帝的指示起草诏令及下行文书，送交门下省审核、副署，付诸实行。门下省是审议机关，掌封驳，即负责审核中书省起草的诏敕，如有问题可驳回重议。尚书省是最高执行机关，负责实施中书起草、门下审核、最后经皇帝批准颁行的各项诏令。

但到了唐中期，皇帝让翰林学士以"知制诰"的头衔起草机密诏令，因而有了"内相"（内朝首领）之称，原来的三省制遭到了破坏，内、外朝的斗争由此展开。顺宗永贞初，王叔文以学士权倾天下。朝廷"每事先下翰林，使叔文可否，然后宣于中书，（宰相）韦执谊承而行之"（《资治通鉴》卷二三六）。宦官俱文珍恶其不利于己，削去王叔文学士之职，赶出学士院。叔文大骇，对人说："叔文须时至此商量公事，若不带此职，无由入内。"（《旧唐书·王叔文传》）这表明，由翰林学士组成的内朝设于宫内，他们可以出入宫内，而宰相则被拒于门外，听从翰林学士的指示。

宋代仍以内朝翰林学士掌管机密诏令的起草，称为"内制"，而宰相所属的中书舍人（或知制诰）掌管的正式诰敕称"外制"，两者相对，合称"两制"，实即内朝与外朝。

明代朱元璋废除宰相制度之后，中央政府机构为吏、户、礼、兵、刑、工六部,另设由大学士组成的华盖殿、武英殿、文华殿、文渊阁、东阁、谨身殿,合为四殿二阁,统称为殿阁大学士,因这些殿阁皆处皇宫之内,所以又称为"内阁",实即内朝。其主要职责是代替皇帝批答臣民的奏章。内阁的主要负责人,习惯上称为"首辅"。内阁权力增大后,皇帝则利用宦官予以牵制,因此,宦官于内阁之外,又组成了一个内朝。其头子叫"司礼太监",皇帝的诏令交给太监,再由太监交给内阁;内阁颁布中央六部执行。内阁有事,也同样交给太监,再由太监呈送皇帝。

清朝建立后,沿袭明制,中央政府为六部。雍正以前,以内阁为内朝;雍正以后,又以军机处为内朝。清朝的内阁设在午门内、太和门外,世祖在内阁门上还特别挂一个牌子,上面写着"外曹百司无故不得辄入,违者重辟论"。《清会典·内阁》载大学士的职掌,主要有:票拟(替皇帝起草诏书)与票拟加签;承宣谕旨,批答章奏;主持庆典,奉册奉宝;稽察各部院事体;收发红本,收存副本;进呈实录,拟议谥号、封号等。尽管大学士所管的事情很多,但他们每天的工作主要是批阅奏章题本。按清代制度,凡各衙门一应公事则用题本。各省将军督抚学政公文,由通政司送阁为"通本",中央各部院寺监衙门本章,统为"部本"。题本、奏本送阁后,内阁满本房司校阅缮写,汉本房司收发翻译。满汉票签处掌缮写票签记载,诰敕房掌收发诰敕,还有收发红本副本处。内阁事务既广且杂,但内阁的性质还是皇帝的秘书处,对臣下奏章票拟意见,送皇上批示,再拟旨发下,或奉旨拟敕,是内阁的主要职掌;而内阁所属各房的职掌,主要也是收发文件,保存档案。

清代内阁大学士的职务与明代相仿:主要是执掌票拟,不参与重大政务的决策。乾隆曾明确指出:"夫宰相之名,自明洪武时已废而不设,其后置大学士,我朝亦相沿不改,然其职仅票拟诏旨,非为古所谓秉钧执政之宰相也"(《东华录》卷九三)。至雍正军机处成立以后,内阁职权大为削弱,"承旨寄信有军机处,内阁宰辅名存而已"(《清史稿》卷一七四《大学士年表序》)。

雍正七年,因用兵西北,往返军报频繁,而内阁距内廷过远,不便亲授机宜,为及时商议军务,"办事密速",于隆宗门内设立"军需房"(也称"军机房")。雍正十年正式改称"办理军机处",简称军机处。军机处原非正式机关,既无公署(仅有值房),又无专官(都是兼职),但由于它更利于皇帝的集权,所以一直沿置下来,成为由皇帝直接控制的处理全国军政事务的中心。在军机处任职的,无定员,最多时六七人,由亲王、大学士、尚书、侍郎或京堂(院、寺等衙门长官)中选任,称为军机大臣,按资历深浅不同,具体任命时有"大臣上行走"和"大臣上学习行走"之别。军机大臣每天受皇帝召见,商议军政大事,用面奉谕旨的名义对各部门、各地方负责官员发布指示。所拟谕旨,分为"明发上谕"和"廷寄"(或"字寄")两种。由内阁向中外发布的命令文告称为"明发",由军机处密封,经驿马递送与外省官员的叫"廷寄"。军机处办事有"勤""速""密"三个特点,每天处理文件几十件甚至上百件。皇帝召见军机大臣时,太监不能在旁,部院大臣不能擅入军机处,军机大臣不得私自交接外住官员。

综上所述,《周礼》设计的内朝和外朝制度极大地影响了封建社会的国家政权体制。可以说,贯穿于中国两千余年封建政治史的一根主线,就是内朝与外朝的斗争。皇帝必然实行专制独裁,而实行专制的方法,无非是以近臣、内朝官排抑外朝大臣,以内朝侵夺外朝实权;迨至内朝官掌握朝政,权势渐重而有震主之威时,皇帝乃复用新的心腹近臣,以主内朝,压抑权臣。如此循环往复,直到封建社会灭亡。

内朝与外朝的斗争,实际上是皇权和相权斗争的延伸。内朝的头子是皇帝,外朝的头子则是宰相。皇权与相权既互相利用,但又矛盾重重。治理古代中国这样一个地域辽阔、人口众多的大帝国,单靠皇帝一个人的精力、智力是远远不够的,况且多数皇帝也懒得去"日理万机",弄得筋疲力尽。因此必须把一部分具体的权力委托给以宰相为首的外朝官僚集团。可是宰相官署位居皇宫之外,统领百官，大权在握，无论如何也避免不了皇帝的猜忌、防范，这样便产生了皇权与相权的矛盾。皇帝解决这一矛盾的办法不外有二：一是分割相权，如从人数上多设宰相，避免一人独揽相权；从机构上多设相府，避免相权集中于一处。二是以内朝亲信牵制宰相，实权移至内朝，架空宰相府。秦以后两千年中央官制的演进，一开始就以裁抑、侵夺相权，扩张强化皇权为基本历史线索和主要内容。它所表现出来的历史方向和性质是封建政治和官制的日益专制化。在官制上的具体结果，首先就是内朝的出现。

由前述史实可知，所谓内朝，有以下四个特征：第一，皇帝在宫内自己的身边召集了一批侍从之臣，或者形成临时听用的班子，或者组成常设机构。这批侍从之官，其身份可以是阉人，也可以是士人、军人、贵戚。第二，他们都是天子的近臣、侍从官，一开始就直接听命于天子，实际上脱离与凌驾于正常官制的公卿系统，宰相管不着他们。第三，他们被称为内朝或中朝官，习惯上也有称内臣、中臣。但实与一般专管皇帝皇室私务、宫廷内部事务、不干预国家军政事务的内臣、中臣、宦官、宫官不同，也不是普通的文学侍从、贵族外戚和天子弄臣。他们是处在枢机地位的重臣，职掌出纳诏命，与闻朝政，参决政事，而这些原是宰相及政府的权力。第四，这套班子或机构在政治上运行时，宰相却不得过问，因为他们直接奉行天子旨意，凭借皇帝名义。这个皇帝直接控制、撇开宰相运行政治，或者说横隔在天子与宰相之间的班子或机构，就是内朝。

撇开宰相参决政策、运行政治是内朝的基本特征和标志，它所带来的直接危害性便是中国封建国家的机构设置和人员编制不能真正走上制度化、法治化的轨道。一方面，为了使国家管理井然有序，皇帝必须在机构设置、人员定额上追求合理性，因而制定了一系列行政组织法规，如《唐六典》《明会典》之类及其相应的刑律规定，如《唐律·职制律》规定：对各机构的人员定额，超过一人，则对该机构的长官杖责一百；超过三人，判处该机构长官徒刑一年；超过十人，则处以徒刑二年。但另一方面，皇帝居于独尊地位，总是要猜疑、防范别人对他会如何如何，因而就要在法定的机构、人员编制之外，另置一个编外的、非正式的机构，来牵制法定的、正式的国家机构，这就带来了中国历史上层出不穷的内朝与外朝问题。内朝是不在国家行政编制内的，是皇帝的私人秘书班子，但受皇帝宠信而握有实权。外朝是国家行政编制内的法定机构，但因皇帝不放心而没有实权。内朝是有实无名，外朝是有名无实。整个国家行政编制（机构设置、人员定额）处于无序的混乱状态中，处于有法不依的人治状态之中。

由《周礼》设计并为两千年封建社会所实施的以内朝牵制外朝的政治传统，是封建君主专制的产物。搞个人专断的统治者总是喜欢袭用这一做法。例如，袁世凯窃取总统职位以后，废除孙中山先生领导制定的《中华民国临时约法》，取消了中央政府——国务院，而在总统府内设立政事堂、大元帅统率办事处等机构，形成了一个内朝。袁世凯通过政事堂的设置，把国家行政权力集中在他个人手里，政事堂是袁世凯政治、财政、外交及一切反动方针政策的策源地和决策机构。正如杨幼炯《近代中国立法史》所说："政事堂实为政治上最高机关，除关于军务事项外，为决定政治、财政、外交及其他一切施政方针之策源机关。"统率办事处成立后，陆军总长、陆军部等国家法定官员、法定机构的权力都被它代替。政事堂、统率办事处并非法定的国家机构，而是袁世凯的私人秘书班子，却握有参决国家军政大事的权力，这与封建社会的内朝又有什么区别呢？

　　还有"文化大革命"时期的"中央文革小组"，它并不是由国家权力机关——全国人民代表大会选举产生的，也不是一种国家机构，但是它的"能量"却很大，它对全国发号施令。今天批判这一个，明天打倒那一个。若从法律的眼光来看，它和封建社会的内朝虽然不可同日而语，但的确具有很多相似之处。因为它们都不是法治而是人治的产物。正如《关于建国以来党的若干历史问题的决议》所指出的那样："从'文化大革命'的发动到一九六九年四月党的第九次全国代表大会。一九六六年五月中央政治局扩大会议和同年八月八届十一中全会的召开，是'文化大革命'全面发动的标志。这两次会议相继通过了《五一六通知》和《关于无产阶级文化大革命的决定》，对所谓'彭真、罗瑞卿、陆定一、杨尚昆反党集团'和对所谓'刘少奇、邓小平司令部'进行了错误的斗争，对党中央领导机构进行了错误的改组，成立了所谓'中央文革小组'并让它掌握了中央的很大部分权力。毛泽东同志的'左'倾错误的个人领导实际上取代了党中央的集体领导，对毛泽东同志的个人崇拜被鼓吹到了狂热的程度。林彪、江青、康生、张春桥等人主要利用所谓'中央文革小组'的名义，乘机煽动'打倒一切、全面内战'。"②

几千年的内朝与外朝的历史实践，给中国人的政治文化心理带来了巨大的负面影响，概括言之，那就是：中国人脑海里缺乏法定权力和非法定权力的区分，缺乏国家权力必须在法定的程序、轨道上更迭和运行的观念。在法治社会，人们只接受法定权力的指挥，而有权抵制任何非法定权力的强暴。而在人治社会，人们却不得不遭受超越法律之外的专制权力的任意践踏。在法治社会，国家权力机构的产生、终止和废除都必须由有关的程序法和实体法来

---

②中共中央文献研究室编《〈关于建国以来党的若干重大历史问题的决议〉注释本》，人民出版社,1985,第31页。

决定；但在人治社会，国家权力机构的产生、终止和废除全系于专制君主一时的喜怒哀乐。

1980年8月18日，邓小平同志在《党和国家领导制度的改革》一文中指出，过去党和国家的领导制度、干部制度存在官僚主义现象、权力过分集中的现象、家长制现象、干部领导职务终身制现象和形形色色的特权现象。这些弊端多少都带有封建主义色彩。封建主义的残余影响当然不止这些。还有，如社会关系中残存的宗法观念、等级观念；上下级关系和干群关系中在身份上的某些不平等现象；公民权利义务观念薄弱；经济领域中的某些"官工""官商""官农"式的体制和作风；文化领域中的专制主义作风；对外关系中的闭关锁国、夜郎自大；等等。现在应该明确提出继续肃清思想政治方面的封建主义残余影响的任务，并在制度上做一系列切实的改革，否则国家和人民还要遭受损失。

对待这一任务，要有实事求是的科学态度。要运用马克思列宁主义、毛泽东思想，对于封建主义遗毒的表现，进行具体的准确的如实的分析。首先，要划清社会主义同封建主义的界限，决不允许借反封建主义之名来反社会主义，也决不允许用"四人帮"所宣扬的那套假社会主义来搞封建主义。其次，也要划清文化遗产中民主性精华同封建性糟粕的界限。还要划清封建主义遗毒同我们工作中由于缺乏经验而产生的某些不科学的办法、不健全的制度的界限。③邓小平同志在这里揭露的封建主义的残余表现,与《周礼》的制度设计有一定关系。

2. 君主集权与大臣分权

《周礼》中有一引人注目的现象:君主是大权独揽、高度集权,而臣下却是高度的分权、严密的制衡。

《周礼》中的王,超然于六官之上,驾驭六官治国。在朝觐、会同、祭祀、田猎等重大活动中,王的地位最尊。全书不厌其烦地对王的车旗、冠服、礼器、乐舞等的规格做出详细的规定,其实质就是要突出王的最高地位。更重要的是,《周礼》中的王还有效地掌握着国家各项权力。

第一,官吏任免权。《周礼》中的百官都由王任免。《天官》叙官云:"乃立天官冢宰,使帅其属而掌邦治,以佐王均邦国。"地官、春官、夏官、秋官诸官的叙官也都有类似的话:"乃立地官司徒,使帅其属而掌邦教,以佐王安扰邦国""乃立春官宗伯,使帅其属而掌邦礼,以佐王和邦国""乃立夏官司马,使帅其属而掌邦政,以佐王平邦国""乃立秋官司寇,使帅其属而掌邦禁,以佐王刑邦

---

③《邓小平文选》第2卷,人民出版社,1994,第327、334页。

国"。可见,六官都是被王所"立"、所"使",他们的职责就是帅其属而掌一官之政,"佐王"理国。任命官吏由王决定,升降罢免官吏亦由王决定。《大宰》载:"岁终,则令百官府各正其治,受其会,听其致事,而诏王废置。"意思是,每年年终时,各级官府要向太宰汇报政绩,太宰再汇总起来向王汇报,由王最后决定各个官吏的废置升降。

第二,立法权。《周礼》大宰等官员于每年正月之吉都要悬法于象魏,使万民观看;正岁又悬之,使百官观看。《小宰》云:"令于百官府曰:'各修乃职,考乃法,待乃事,以听王命,其有不共,则国有大刑。'"意思是,命令各官府,尽忠职守,尊重法律,善理本务,听从王者的命令,如有怠废职事的,国家即自有重大的刑罚。《大司徒》也有大致相同的话,可见所悬之法即王命,故《小司徒》《小宰》均曰:"不用法者,国有常刑。"前言不恭于王命者,国有大刑,此言不用法者,国有常刑,互文见义,王命即法,可见立法权也在王的手中。

第三,行政权。王处理国家的日常政务,主要是通过所谓"治朝"。王若巡狩在外,则又有"四方之听朝"。《大宰》云"王视治朝,则赞听治;视四方之听朝,亦如之",王主持治朝和四方之听朝政务时,大宰只能在旁边辅佐之,不得僭越。《大宰》又载:"凡邦之小治,则冢宰听之。待四方之宾客之小治。"大宰只处理邦和四方宾客的"小治"，"大治"之权仍在王的手里。

第四，司法权。《秋官·乡士》云："狱讼成，士师受中，协日刑杀，肆之三日，若欲免之，则王会其期。"凡罪名已定，狱讼已成，即将刑杀者，若欲赦免之，必须"王会其期"（即司寇于朝听讼之日，王亲往与司寇群士共议之，故曰"会"），要由王来裁决，这是六乡的狱讼。六遂若遇有类似的情况，"则王命六卿会其期"；若野地四等公邑发生类似的情况，"则王令三公会其期"。显然，这类重大案件的终裁权都在王的掌握之中。

第五，主祭权。在古代宗法社会中，"国之大事，在祀与戎"。主祭权与政治权力成正比，只有在国家重大礼典中享有主祭权者，才是国家最高权力的拥有者。从《大宰》篇所记可知，祀五帝、礼大神祇、享先王，都是最重要的祭典，遇有这种场合，大宰负责警戒百官不得失礼，准备祭器，扫除粪洒，卜定祭祀日期，视察祭器涤濯情况等，大宰不过是作为事务总管在行事，而非主祭人，他只是充当王的助祭者。

第六，统军权。战争中的最高指挥者是谁，《周礼》无明文。但从《大司马》所载"大蒐礼"文，可以推知是王。大蒐礼按四季分期进行，内容各不相同：春辨金鼓、夏辨号名、秋辨旗物、冬则教大阅。《大司马》云："中军以鼙令鼓。"清人江永解释道:"中军,元帅也。三军、六军必有元帅。如王在军,则王为中军。"可知王是中军元帅,在军事活动中处于主帅地位。

综上可知,《周礼》中的王,拥有官吏任免权、立法权、行政权、司法权、主祭权、统军权,可谓大权集于一身,从未受到任何权力的制约。但反观《周礼》中的大臣的权力,则与此恰巧相反。它被分得很细,相互之间又存在着许多制约关系。

首先,《周礼》通过规定"官属""官职""官常",严格划分了每一位官员的职责。

所谓"官属",是通过官员的归属来明确职权范围。按照爵秩尊卑,官属自上而下又可分为总属(为天官冢宰系统的所有官员都总属于冢宰),分属(即一官之内又有次一级的领属关系,如春官宗伯中,大祝为祝官之长,其下属有小祝、丧祝、甸祝、诅祝等),当官之属(即再次一级的领属关系,如宫正,其属员有上士二人、中士四人、下士八人、府二人、史四人、胥四人、徒四十人),冗散之属(即政府官员编制之外的冗散人员的隶属关系,如相犬、牵犬者均隶属于犬人)四个层次。这种严密的陈陈相因的领属关系,确定了每个官员在等级制中的位置,他们的职守和权限也都随之被明确规定了。

所谓"官职",即规定每一个官的职名和职责范围。

所谓"官常",即各职居官常行之事。

官属、官职、官常三者对官员的上下左右关系、职责范围以及日常职守都做了严格的规定。如此细密的分工,是前所未有的。

其次,《周礼》通过规定"官联",使官员们相互依存,相互制约。严格的职责划分虽然是必不可少的,但它也容易产生两种弊端,一是各部门"自扫门前雪,莫管他人瓦上霜",只分工,不合作;二是每官独司一职,缺乏制约,容易舞弊,尤其是一些身居要害部门的官员,会欺上瞒下,甚至矫命窃符,亦非难事。因此,《周礼》提出"官联"的原则以相制约。大事需要会同众官联合处理,此即所谓"官联"。孙诒让《大宰》正义认为官联有异官之联事与同官之联事之别。异官之联事,如大祭祀时,天官大宰献玉币,地官司徒献牛牲,春官宗伯检查涤濯等,夏官司马献马牲等,秋官司寇持奉明水火等,此为六官之长相与为联事。又如,春官之典祀征役于秋官之司隶,地官之鼓人诏鼓于夏官之太仆,秋官之掌戮参与天官甸师之杀,地官之稍人听政于夏官之司马等等,均为异属官员共举一事。同官之联事,如凶荒年救济灾民时,同属地官的遗人、乡师、司救、委人等相与为联事:遗人主掌粟米之积,委人主掌薪刍疏材木材,凡畜聚之物之积,司救掌以王命施惠,乡师掌其乡之施惠。又如,天官之阍人与宫人同掌王宫之打扫卫生，阍人掌五门之庭扫除之事，宫人则掌王路寝之内扫除之事。

《周礼》中，事无大小，皆有联事。因此，《周礼》的官联，呈现出错综复杂的现象，上下左右皆有之，甚至一官分别与数官联事，如天官宰夫在正朝位时，与夏官司士、射人为官联；掌牢礼、委积、膳献、饮食、宾赐之飧牵与其陈数时，又与秋官大行人、掌客为官联；掌百官府郊野县都之百物财用时，则又与天官司会、夏官司士、职方氏、秋官司民为官联；掌治法以考核百官府之治绩时，则又与司会、天府为官联；三公之卿之丧，则又与职丧相联事。

官联的作用有二：一是作为对官常的补充。孙诒让说："官常主分，与官联主合，义正相反。"（《周礼正义》卷二）如果一味强调"分"，势必造成各自为政的局面，而辅之以官联，则能使六官互相贯通，融成一体。二是能制衡百官。一事由数官共举，往往可以相互牵制，防止舞弊（参见彭林《周礼主体思想与成书年代研究》，第115—116页）。

例如，《周礼》中涉及人口查计的官员很多，或主调查，或主记录，或主钩考，不一而足。潘光旦先生认为，《周礼》中有两套查计制度。

（1）乡大夫→闾师→乡师、遂人 ⎫
　　　遂大夫→县师、遂师→小司徒 ⎬ 大司徒

　　　乡士 ⎫
（2）遂士 ⎬ 司民→小司寇
　　　县士 ⎭

第一套是地官乡遂系统的查计，第二套是秋官系统的查计。查计情况选册呈报，并且分别由天官司书与春官天府掌正本，大宰和天官司会、春官内史掌副本。所有这些官员都相为联事，同时显然有着互相制约的目的，否则就不必用两套人马来做同一件事。潘光旦先生说："两套查计工作是老老实实的两套，并且是故意的不相为谋的，为的是深怕地官的一套不免于妄滥，而必须有秋官的另一套作为查计的主体，作为按覆的张本。"（《周官中的人口查计制度》，《社会科学》第五卷第二期）这样，任何一套的官员都不能从中作弊，官员个人要营私，就更是难乎其难了。

在财务管理中，互相制约的现象同样很明显。司会为计官之长，主天下之大计，司书则掌计会之簿书，职内主入，职岁主出，官府的币余之财则由职币掌管，五者相互制约，缺一不可。《职岁》载："凡上之赐予，以叙与职币授之。"王与冢宰若有赐予之用，由职岁掌管财出之数，但所需之财用又由职币供给，职岁管账，职币管钱，均不能从中取巧。

由此我们可以看出《周礼》作者的一条很清晰的思路：君主集权，大臣分权；君权高度统一，臣权严密制衡。这一思路对两千余年的中国封建社会的政治实践产生了重大影响。

秦汉时期的中央官制是三公九卿。三公指丞相、太尉、御史大夫，其中丞相是最高行政长官，辅佐皇帝处理全国政务；太尉协助皇帝掌管全国军队；御史大夫为丞相副手，掌图籍章奏，并监察百官。三公之间相互牵制、相互制约，使皇帝集大权于一身。

隋唐时期的中央官制是三省六部，三省，隋时是尚书省、门下省、内史省；唐时只是将内史省改称中书省。三省职同秦汉时期的丞相，但又各有不同。尚书省是最高执行机关，负责执行内史（中书）省起草、门下省审核，最后经皇帝批准的各项诏令；内史（中书）省是决策机关，负责审理尚书省及其他机关的章奏公文，并根据皇帝的指示起草诏令及下行文书，送交门下省审核、副署，付诸实行。门下省是审议机关，掌封驳，即负责审核内史（中书）省起草的诏敕，如有问题可驳回重议。三省之间相互牵制、相互制约，共同对皇帝负责。

可见《周礼》那种君主高度集权和大臣分权制衡的思路在封建社会的中央官制中得到了清晰的体现，而宋代王朝则更是一个典型的例证。

宋制，中央执掌军政实权的最高机关，是中书门下（政事堂）和枢密院，二者"对掌大政"。另有最高财政管理机关——三司，地位仅次于中书门下和枢密院，合称"二府三司"。二府三司互不统属，均直接隶属于皇帝。

宋代中书门下政事堂和唐代的中书门下政事堂迥然不同，后者是三省长官或带"同三品"衔宰相集体议决军国大政的机构，而宋代三省长官已不是宰相，不预朝政，无实权，三省实际上处于废弛瘫痪状态。在三省之外，另设宰相办事机构，称"政事堂"或"中书门下"，简称"中书"。该机构设在禁中，其职权较过去大大缩小，事无大小均须奏请皇帝，然后再起草诏旨，予以施行。过去宰相与皇帝议决大政，而宋代宰相的主要职掌仅仅是办理文书、处理日常杂务。

枢密院为中央最高军事行政领导机关，管理军籍、武官的升迁调转、军事机密、边防布置及作战计划等事务。

"军机"既掌于枢密，则中书唯主"政事"而已。故时人尝曰："二府"乃"陛下之朝廷发号布政所从出也"。"发号"者，枢密之发军令也；"布政"者，中书之布政令也。军令属武，政令属文，所以《宋史·职官志》说："宋置枢密院，与中书对持文武二柄，号为'二府'。"中书、枢密既称二府，每朝奏事，与中书先后上殿。

宋代的三司是指盐铁司、度支司、户部司，为国家最高财政管理机关。户部掌收入，度支掌支出，而盐铁则掌山泽之利和漕运之事。

综观宋代中央政府"二府三司"体制，不难发现宋制的一个非常突出的现象，就是一面集中，一面又分散。具体说，就是事权分割，各不相知。政事属于中书，军事属于枢密，财政属于三司，主政者不知军机国用的危机，主兵者不知财之已匮，主财者又不知民之已穷。在事权分割的情况下，必然是政出多门，权力分散，但宋代的皇权却高度被强化了。

宋代的任官制度也体现了分权制衡的特点。第一，"官与职殊""名与实分"。宋朝的官有"官""职""差遣"等名目。官虽有品级、俸禄，但不掌握实权。职也是虚的，如殿阁学士等，作为加给有名望的高级官吏的荣誉称号。只有差遣才是握有实际权力、担负实际责任的官职。宋朝经常有官至仆射、太师、侍中、尚书，还要被差遣为知州之事。这种官与职殊、名与实分的制度，只不过是为了防止官吏擅权、加强皇帝集权的手段而已。第二，用文官抑制武臣。宋朝立国后，为防止军阀割据甚至篡权的重演，对武臣猜忌、戒备很严。宋太祖认为一百个儒臣都贪污，其危害也赶不上一个武将。在这种思想指导下，宋朝采取把武官养起来，派文官掌管军事和地方行政的政策。《宋史·职官志》说，宋朝鉴于五代的经验教训，把驻守地方的军事将领们都召集到京城，赐予他们宅院，让他们住在京城。同时又让一些朝廷里的文官到地方上统率军队。第三，用朝臣控制地方。宋初，节度使、刺史的名号都加以保留，但朝廷派出朝官管理州事，称"知州事"，简称"知州"。节度使的权力逐渐被剥夺，变为礼遇宗室外戚、功臣故老的虚衔。中央又派出朝官知县事，由朝廷直接控制，不受刺史管辖，从而剥夺了刺史的权力。朝廷又派出转运使、提点刑狱使、监当使臣、都监等，监督或直接掌管地方权力。

宋朝如此过度分割臣权，其结果必然是机构重叠，官制紊乱，既保存了唐代以来无数旧官职，又增加了许多新的官职，经常是一官五六个人做。宋真宗时，一次裁减各路的冗吏，就有十九万五千八百余人。无怪当时就有人指出："自古滥官，未有如此之多！"许多机构之间也无所谓隶属关系，而统属于皇帝，从而造成极端的重叠和职权的分散。

如果我们把中国古代这种分权制衡理论和实践与西方做一对比时，就会发现两者之间存在着一个明显的差别：西方分权制衡理论的宗旨是为了分割制约最高统治者的权力，是为了防止个人专制，而中国古代的分权制衡理论却恰恰是为了巩固最高统治者的权力，分散大臣的权力，使其互相制衡，加强君主个人专制。

古希腊的柏拉图在晚年撰写了《法律篇》一书，提出了"混合式"国家的原则。这项原则的构想是为了通过各种权力的均势来达到和谐，或者说通过具有不同倾向的各种原则相结合的方式来达到和谐，根据这样一种方式，各种倾向将起到相互制约的作用。这样就由于有了对立的政治力量而导致稳定的局面。这项原则就是若干世纪以后孟德斯鸠重新发现的著名的三权分立原则的原型（萨拜因《政治学说史》上册第106页，商务印书馆1986年版）。

柏拉图的学生亚里士多德在其《政治学》一书中，将一人掌握国家最高权力的政权称作君主政体，少数人掌握国家最高权力的政权称作贵族政体，多数人掌握国家最高权力的政权称作共和政体。他认为，最适合于一般城邦并能容易实行的，则是共和政体。他反对一个人或少数人来统治，这是因为人类具有罪恶本性，失德的人会淫凶纵肆，贪婪无度，堕落为最肮脏、最残暴的野兽，这是城邦幸福和谐的理想生活的莫大祸害。人类的本性还难免有感情，因此，即使某个人聪明睿智、胸襟豁达，也往往会失去理智而感情用事。所以，如果国家允许一个人来统治，这就等于在政治中混入了兽性的因素。

有鉴于此，亚里士多德主张公民之间是平等的，他们既是统治者又是被统治者，应该实行"轮番执政"。他反对终身制，认为才德犹如身体，总是随着年龄而渐渐衰弱，要安排好执政者轮流退休，并使其在退休以后和其他同等的自由人处于同等的地位。他认为"兼职"是个缺点，主张政治职务要尽可能分配给许多人来充任。

古希腊历史学家波里比阿认为，在当时罗马的制度中存在一种各个权力相互制约、防止对方无限扩张的关系。如在军队供给、职务续任、论功行赏上，执政官权力受到元老院的制约；在决定战争与和平方面，又受到平民会议的制约。元老院的权力由平民会议的立法来限制，保民官又可以禁止元老院行动。平民会议在财政上受元老院牵制，而平民服兵役时又受执政官指挥。这样就可以使执政官不会专横到引起暴乱，元老不会强大到激起公众的不满，平民不会无所控制到无视政府。波里比阿赞扬这种独特的政治形式，认为它持续地保证了罗马国家的强大和稳定。他断言，如果国家由各种权力互相帮助、互相牵制，那么无论在什么危急的时候，都可以成为一种很坚固的团体。除了这种政制之外，再也不能找出更好的政制。

可见，在古代的希腊和罗马，思想家们将分权制衡的重点放在最高统治者的权力上面，即要求分割国家最高权力，使之相互制约。而不像古代中国的《周礼》那样，将分权制衡的重点放在大臣的权力上面，去维护一个至高无上的王权。古代希腊和罗马的分权制衡思想对西方近代民主宪政的产生起到了重大的促进作用。

在近代，英国的洛克率先主张国家权力应分割为立法权和执行权，因为"如果让一批人同时拥有制定和执行法律的权力，这就会给人们的弱点以绝大诱惑，使他们动辄要攫取权力，借以使他们自己免于服从他们所制定的法律，并且在制定和执行法律时，使法律结合于他们自己的私人利益，违反了社会和政府的目的"(《政府论》下篇，第89页)。

法国的孟德斯鸠发展了洛克的两权分立理论，提出了立法、行政和司法三权分立的学说。他在《论法的精神》一书中表述了如下思想：第一，政治自由只有在实行分权制衡的国家政体中才能见到，它只有在不滥用权力的情况下才可能存在。历史的经验告诉人们，有权者都是要滥用权力的。为了阻止权力的滥用，就必须以权力制约权力。第二，如果立法权与行政权掌握在一个人或一伙行政官的手中，自由就不复存在。因为很有可能君主或贵族元老院制定出暴虐性的法律，而又粗暴地用强力加以推行。第三，司法权如果不与立法权、行政权分立开来，自由也不会存在。如果司法权与立法权结合在一起，由于法官同时也是立法者，那么，市民的生命、自由，必然会成为滥用权力的牺牲品。如果审判权与执行权结合在一起，法官也掌握执行者的权力，就更容易乱用权力。总之，立法、司法、行政三权集中在一个人身上或者同时掌握在一伙人手中，那是很危险的,一切自由都不会存在的。

这种权力分立制衡的学说,通过美国和法国的资产阶级革命而传播到各国,成为西方19世纪议会制的一大特点。资产阶级学者认为,它是为了自由而限制权力的最好的原理;它不是积极增进效率的原理,而是消极地防止滥用权力的原理,就是说它的目的不是避免权力之间的摩擦,而是想通过不可避免的权力摩擦,使国民从专制制度下解脱出来。

从古代的柏拉图到近代的孟德斯鸠,西方思想家出于限制最高统治者权力的目的,孜孜不倦地宣传分权制衡学说。在此学说的指导下,现代西方建立了形形色色的分权制衡政体。而中国几千年来的思想家出于巩固最高统治者权力的目的,极力鼓吹对大臣实行分权制衡。在此文化传统的影响下,中国的民主共和政体在取代封建君主专制政体的过程中遇到了相当顽固的阻力。这里既有政治因素,也有文化心理因素。

1840年鸦片战争以后,中国由一个封建社会逐步沦为半殖民地半封建社会。中华法系逐渐解体,近代法律体系逐渐形成。但西方资产阶级的民主、法制引进中国之后,遭到了封建政治法律观念的严重肢解。

在资产阶级革命运动的压力下,清朝政府于1906年9月下诏宣布"仿行宪政",1908年颁布了《钦定宪法大纲》。

大纲分"正文"和"附录"两部分,共二十三条。前者为"君上大权",计十四条;"附录"为"臣民权利义务",计九条。"正文"和"附录"这种结构表明它的重心在于维护"君权"。所谓"钦定"的立法程序,也清楚地说明它不是民主宪政。《大纲》中关于"君上大权"的十四条,抄自日本明治宪法,但删去了日本宪法中限制天皇权力的条款,从而使清皇权更加漫无限制。《钦定宪法大纲》虽然规定了臣民的一些自由权利,但根据"君上大权"的规定,皇帝有权随时颁布诏令予以限制。这个宪法大纲突出地表现出皇帝专权,人民无权。对于这一点清朝统治者也供认不讳:"立法、行政、司法则皆总揽于君上统治之大权。故一言以蔽之,宪法者所以巩固君权,兼以保护臣民者也。"(《大清法规大全·宪政部》卷四)

袁世凯窃取中华民国总统职位后,撕毁了孙中山先生领导制定的旨在限制总统权力的《中华民国临时约法》,而炮制了《中华民国约法》。该法把内阁制改为总统制,取消了用来约束总统权力的内阁副署制。规定大总统为国家之元首,"总揽统治权",代表中华民国,总统有权"统率全国海陆军","制定官制、官规","任免文武职官","宣告开战,讲和","宣告戒严","颁给爵位、勋章及其他荣典","召集"和"解散"立法院,还有"发布命令""发布与法律有同等效力之教令"等权力。这实际上是授予袁世凯以

"君上大权"。

1946年11月,蒋介石炮制了《中华民国宪法》,它继承了清朝《钦定宪法大纲》、袁世凯《中华民国约法》的传统,即抬高总统,限制臣权。《中华民国宪法》第三章"国民大会"第二十五条规定:"国民大会依本宪法之规定,代表全国国民行使政权。"但实际上,所有的国民大会代表都是蒋介石亲自圈定的,特别是当国民大会代表开会时,蒋介石命令"国民党党团委员会"和特务监视代表们的活动,限制代表们的言行,要代表们完全按照蒋介石的意图行事。按《中华民国宪法》规定,立法院、行政院、司法院、监察院、考试院五院各行使其最高"治权",但实际上并非如此。《中华民国宪法》第四章"总统"第四十四条规定:"总统对于院与院间之争执,除本宪法有规定者外,得召集有关各院院长会商解决之。"这条规定使总统有凌驾于五院之上的最高主宰地位。五院充其量是蒋介石控制下的具体办事机构罢了。可见"国民大会"行使政权,五院行使治权,只不过是总统独裁的装饰而已。

熟知近代宪法常识的人都明白,宪法之所以产生,就是为了限制、约束、分割最高统治者的权力。为此,宪法一方面以权力制约权力,让立法、行政、司法等国家权力之间保持一种分立制衡的关系;另一方面则以(公民)权力制约(国家)权力。但审视一下中国近代的《钦定宪法大纲》、袁世凯《中华民国约法》、蒋介石《中华民国宪法》，不难发现它们与近代宪法的宗旨恰巧是背道而驰的，即它们不是为了限制、约束最高统治者的权力，而是为了扩大它、强化它；它们不是为了保障公民的权利，抵制权力的非法侵害，而是为了削弱它、淡化它。这与中国古代自《周礼》以来所形成的强化君主权力、分割制约大臣权力的政治文化传统有着莫大的关系。

邓小平同志一方面根据中国的国情和现实，坚决拒绝在中国照搬西方分权制衡的政权组织形式，另一方面也提醒我们要做到"两个不改变"，即必须使民主制度化、法律化，使这种制度和法律不因领导人的改变而改变，不因领导人的看法和注意力的改变而改变。④习近平同志指出："评价一个国家政治制度是不是民主的、有效的，主要看国家领导层能否依法有序更替，全体人民能否依法管理国家事务和社会事务、管理经济和文化事业，人民群众能否畅通表达利益要求，社会各方面能否有效参与国家政治生活，国家决策能否实现科学化、民主化，各方面人才能否通过公平竞争进入国家领导和管理体系，执政党能否依照宪法法律规定实现对国家事务的领导，权力运用能否得到

---

④邓小平：《解放思想，实事求是，团结一致向前看》，载《邓小平文选》第2卷，人民出版社，1994，第146页。

有效制约和监督。"⑤权力依法设置、权力运行受制约、权力更替程序化等,也是我们社会主义国家民主法治建设的题中之义。

3. 中央大一统与少数民族区域自治

《周礼》把儒家"溥天之下,莫非王土;率土之滨,莫非王臣""礼乐征伐自天子出"的传统思想,作为"体国经野"和"设官分职"的基调,因此它采用了周代分封制的外在形式。但是,春秋以降,天子受制于列强,形同"告朔之饩羊"的局面,使它不得不引以为戒。而战国末期各国郡县制形成后,国君得以真正总揽国柄的现实,又使它不无启发,所以它也吸收了郡县制的进步因素。两种制度的糅合和改造,形成了《周礼》所规划的独特的国家结构模式。

《周礼》规划的中央与地方行政管理体制,分为畿内与畿外两大层次。依据《周礼》的设计,天下的中心,是千里的王畿,它又以方九里的王城为中心,然后分别以百里为界,呈正方形辐射状大小相包,层层相套。王城之外、王畿以内的行政区,由近至远,分别称为郊、甸、稍、县、都。

---

⑤习近平:《在庆祝全国人民代表大会成立六十周年大会上的讲话》,载《十八大以来重要文献选编》(中),中央文献出版社,2016,第60-61页。

在王畿以外的广大地区，又以王畿为中心，呈正方形辐射状，层层向外分布，于是有所谓"九畿"，《夏官·大司马》云："方千里曰国畿，其外方五百里曰侯畿，又其外方五百里曰甸畿，又其外方五百里曰男畿，又其外方五百里曰采畿，又其外方五百里曰卫畿，又其外方五百里曰蛮畿，又其外方五百里曰夷畿，又其外方五百里曰镇畿，又其外方五百里曰蕃畿。"《秋官·大行人》中有所谓"九服"，与此"九畿"为一事，但国畿称邦，侯、甸、男、采、卫均称服而不称畿，又称蛮畿为要服。

在行政管理上，畿内地区采用的是郡县制式的管理方法。畿内地方政权必须由中央朝廷派驻特殊官员，名称是"朝大夫"，其任务是每日听朝，记录王国所施行之事，再以文书告知地方长官；地方有事呈报朝廷，须先经朝大夫审理。若拖延不办，则诛朝大夫。畿内地方政权没有自己的法令，一切听命于朝廷，具体办法是从中央大司马处接受官法，然后在地方实行之。畿内地方的军队也被中央大司马牢牢控制，不得自行其事。畿内地方长官的衣服、宫室、车旗等，必须严格遵守朝廷指定的命数和有关的规定，不得僭越，有不如法者，则正之。此外，畿内地方政权亦没有独立的司法权。这一切表明，《周礼》所设计的地方政权与郡县制相差无几。

但畿外就有所不同了。在这里，中央政权对地方的管理方式主要是采用间接管理即目标监督,而不是直接管理。《夏官·大司马》云:"以九伐之法正邦国:冯弱犯寡则眚之;贼贤害民则伐之;暴内陵外则坛之;野荒民散则削之;负固不服则侵之;贼杀其亲则正之;放弑其君则残之;犯令陵政则杜之;外内乱、鸟兽行则灭之。"这是针对畿外地方政权而言的,其中负固(凭借险要地势)不服、犯令陵政属于对抗中央;野荒民散为治理不善;冯弱犯寡、贼贤害民、暴内陵外、贼杀其亲、放弑其君、外内乱鸟兽行是为政昏乱,皆属于违王命,必须眚之、伐之、削之、侵之、正之、残之、杜之、灭之,决不允许其得逞。

中央政权在上述九个方面对畿外地方政权予以监督,但除此之外,对于地方政权的具体设官分职、军事管理、财政税收、司法行政等,则不予过问。与畿内地方政权相比,畿外地方政权享有一定的自治权。

如果我们再进而考察一下,就会发现,畿外地方政权大都是少数民族所建立的政权。如"蛮畿""夷畿""镇畿""蕃畿"都是对少数民族居住地区的称呼。《周礼》的如此设计是依据先秦史实做出的,《国语·周语》记载祭公谋父说:"夫先王之制,邦内甸服,邦外侯服,侯卫宾服,蛮夷要服,戎狄荒服。"顾颉刚先生对这段话的解释是,"服,服事天子也"(《周礼·职方氏》郑玄注);甸,田也,甸服是周王朝所赖以食者;"侯",诸侯也,侯服是周王朝所封殖以自卫者。"宾服"是前代统治者民族，周人则以宾礼待之，期望其能服帖周朝新政权，转而为周王朝之屏藩。"蛮夷"是指那些久居中原，其文化程度已高的方国，与周王室关系尚不密切，然犹服周朝约束，故谓之要服，"要"者，约也。"戎狄"者，未受中原文化陶冶之方国，时时入寇，臣服无常，故谓之"荒服"，"荒犹远也"（《史林杂识·畿服》，中华书局1963年版）。《国语·周语》还说"甸服者祭，侯服者祀，宾服者享，要服者贡，荒服者王"，又分别规定了他们的纳贡时间为"日祭""月祀""时享""岁贡""终王"。这种自近而远贡献逐渐减少的制度，表明不同民族的诸侯国与周王室关系的远近不同，也表明这些诸侯国自治权大小的不同。《周礼》赋予"蛮畿""夷畿""镇畿""蕃畿""卫畿"等少数民族地方政权以一定的自治权，显然是受了周族做法的启发。

综上所述，《周礼》在华夏族居住的畿内采用的是郡县制式的管理方法，集地方之权于中央；而在少数民族居住的畿外则采用地方自治制度，在保持中央大一统的前提下，赋予他们一定的自治权。《周礼》的这一设计对两千多年封建社会的国家结构形式产生了极大的影响。

公元前221年，秦始皇统一六国后，在全国推行郡县制。当时南方吴、越、楚境内少数民族众多,秦朝设郡置县，统隶关系与中原的郡县并无二致。但在川西南、云贵泛称

"西南夷"的地区，秦始皇并不设郡县，而是设"道"，"颇置吏焉"，仅派官员驻在那里，监护各少数民族首领治理地方事务。"道"是秦王朝境内郡县制以外的一个特殊区域。这种管理方式，可以说是开历代封建王朝在少数民族地区实行"自治"的先河。

汉代在"西南夷"地区增设了郡县，但采取"因其故俗以治之"的方针，选任少数民族首领为地区长官，实际上保持着一定的"自治"方式。对于北方内徙的一些少数民族，朝廷设"属国都尉"予以管辖。最高长官都尉，"主蛮夷降者""治民比郡"，职同郡太守。但各族内部事务，还是由部族、部落的首领治理，都尉更多的是行使着征发、戍边等军事上的职能。西北少数民族聚居地区，汉代设有西域都护府，这是具有军事监护性质的机构。其主要职责在于守境安民，协调西域各城国之间的矛盾和纠纷，制止外来势力的侵扰，维护西域地方的社会秩序，确保"丝绸之路"的畅通，都护"秩比二千石"，相当于内地的郡都尉（郡都尉掌一郡军事，是郡太守的副手，也代行郡太守的职务）。因西域各城国地位特殊，故设"都护"，以别于内地的郡。都护虽属朝臣派驻，但所管辖的诸城国，自王、侯、将、相以下至驿长等各级官吏，全由当地人担任，"皆佩汉印绶"，确认是汉的官员，负责治理城国事务。

唐代产生了羁縻府、州、县的地方建置。这是专门管辖边区少数民族的一种行政单位。羁縻府、州、县的最高长官都督、刺史、县令都由朝廷委派当地少数民族首领充任，世袭其职；中央或派长吏前往，作为都督、刺史的副手；或不派遣官员，但都接受"正州"（非羁縻性质的州）都督府和都护府的管辖。都护府是专职统领羁縻府、州、县的机构。如东北地区设有安东都护府，北方地区设有安北、单于等都护府，西北地区设有安西、北庭等都护府，西南地区设有保宁都护府，南方地区设有安南都护府。"都护"职同汉代。羁縻府、州、县的划分，一般都以原有的部族、部落为基础。大的为都督府，稍次为州，再次为县，贡赋版籍不入户部。还有一些内徙的部族、部落、寄居在正州境内，称"侨藩州"，也同样具有"羁縻"性质。宋代情况大体相同，但废去了都护府、都督府、侨藩州一类建置，羁縻州、县由邻近的正州管辖，如四川的茂州（今茂县）、黎州（今汉源西北）、雅州（今雅安）、泸州（今泸州市）、黔州（今彭水）；湖南的辰州（今沅陵）、沅州（今芷江）；广西的邕州（今南宁市）、宜州（今河池市宜州区）、南丹州（今南丹东南）等，都曾统辖众多的羁縻州、县、峒。唐代羁縻府、州、县不同于州、县之处，就在于它们具有一定的自治权。

到了元代，有所谓土司制度的出现。朝廷按各少数民族首领所辖地区的大小、人口的多少，分别设置了宣慰使司、宣抚使司、安抚使司、招讨司、长官司等,并授予宣慰使、安抚使、宣抚使、招讨使、长官等职。这类名号,泛称土司,部分始于南宋后期,但主要推行于元,诸如青藏、川西南、云南、贵州、广西、湘西等少数民族聚居区,都有众多的土司建置。还有一些少数民族居住比较集中的地方,虽然设立了府、州、县,但朝廷委任的少数民族首领为知府、知州、知县,概称土官。土司、土官,都实行世袭制。此外,北方一些蒙古族聚居区,又有"诸王封地"万户、千户的设置,保持着蒙古社会早先的统治方式,叶尼塞河上游和贝加尔湖以北地区,元朝又派遣断事官驻其地,管辖这一带的部族、部落,职如汉唐的都护。东北和青藏地区也有一些万户、千户的建置,首领大都是土官。

明代继承了土司、土官的管理方式,但对土职的承袭、等级、考核、贡纳、征发等都有一定的规章,更趋于制度化。除此之外,又有卫所的设置,性质犹如唐宋羁縻府州。卫所本是明军队的一种编制,属各省都司管辖,统率于中央五军都督府,有实土、非实土之分。实土卫所是指不设府、州、县的地方,由卫所管理行政事务,是军政合一的地方区划。凡羁縻卫所都是实土卫所,最高长官诸如指挥使、千户、百户等都由少数民族首领担任,世袭其职,这种羁縻卫所在东北地区就有380多个,范围广及松花江、黑龙江及至外兴安岭、库页岛(萨哈林岛)等地,西北地区有哈密等七羁縻卫，青藏地区又有乌斯藏、朵甘两都司。明朝通过这些建置，管辖着大片少数民族居住区。

清代在帝国主义入侵前，国家空前统一。有着辽阔领土和众多民族的清王朝，因地制宜，划区分疆，设官建制，各具所领。中央有理藩院，掌管蒙古、新疆、青藏等地少数民族事务。地方上有省级政区和相当于省级的盛京（奉天）、吉林、黑龙江、伊犁（新疆）、乌里雅苏台（外蒙古、唐努乌梁海、科布多）等五个将军辖区和西藏办事大臣、西宁（青海）办事大臣辖区。属下建置，名目繁多。盛京（奉天）有府、州、厅、县和各级驻防；吉林、黑龙江有副都、总管、协领、城守卫、防守卫等，乌苏里雅苏台（外蒙古、唐努乌梁海、科布多），内蒙古有盟、旗等；伊犁（新疆）有都统、参赞、办事、领队各驻扎大臣和阿奇木伯克等，西藏有宗、营、城、呼图克图（藏传佛教大活佛封号）领地等，青海有旗土司等，此外云南、四川境内还保留着部分土司。上述各种军事、行政区域，除设有札萨克的旗（外藩旗）和土司的地区，仍维持世袭制外，其余官吏都由朝廷委派，但大多数成员来自少数民族上层人士。

清朝不仅设立了专门的管理少数民族事务的行政机关——理藩院，而且还先后制定了适用于蒙古族的《蒙古律》，适用于少数民族的《番律》，适用于西藏的《钦定西藏章程》，适用于新疆维吾尔族的《回律》，适用宁夏、青海、甘肃等地少数民族的《西宁番子治罪条例》(又称《番例条款》)，适用于贵州等地苗族的《苗例》等单行法规。

综观我国封建王朝管辖边疆和少数民族地区的历史，具有两个特点：一是比较注意采取自治方式，即"以夷治夷""以土官治土民"，发挥原有统治机构和权力的作用。二是保证朝廷在军事上的监领和守护地位。这对于统一的多民族国家的形成、发展和巩固，无疑是有着积极意义的（周维衍《我国古代是怎样管辖边疆和少数民族地区的？》，《中国文化史三百题》第124—127页，上海古籍出版社1987年版）。

由于中国具有少数民族实行自治的历史传统，所以，新中国成功地走出了一条颇具特色的解决中国民族问题的道路——制定适合中国国情的民族区域自治制度。民族区域自治制度作为解决我国民族问题的基本政策，已被新中国历次宪法确认为国家的一项重要政治制度。

民族区域自治制度是指在统一的祖国大家庭内，在党和国家的统一领导下，以少数民族聚居区为基础，建立相应的自治地方，设立自治机关，行使自治权，使实行区域自治的人民实现当家作主、管理本民族内部地方性事务的权利。根据宪法和民族区域自治法的规定，我国的民族区域自治制度必须遵循下列基本原则：第一，各民族自治地方都是中华人民共和国不可分离的部分，每一位公民都有维护国家统一和全国各民族团结的义务。第二，建立民族自治地方以少数民族聚居区为基础。根据我国少数民族分布的特点，民族自治地方大体上可分为三种类型：一种是以一个少数民族的聚居区为基础建立的自治地方，如西藏自治区；另一种是以一个大的少数民族聚居区为基础，并包括一个或几个人口较少的少数民族所建立的自治地方，如新疆维吾尔自治区；第三种是以两个或两个以上少数民族的聚居区为基础联合建立的自治地方，如湖南省湘西土家族苗族自治州、贵州威宁彝族回族苗族自治县。但无论是哪一种类型或哪一级的自治地方都是以少数民族聚居的地区为基础。第三，民族自治地方可以根据本地区的特点行使自治权。也就是说，民族自治地方的自治机关除行使同级一般地方国家机关职权外，还行使大于一般地方国家机关的包括政治、经济和文化等方面的自治权。第四，加强和发展平等、团结、互助的社会主义民族关系。民族自治地方内各民族都是平等的一员，民族自治地方的自治机关要保障本地区内各民族都享有平等权利，禁止对任何民族的歧视和压迫，禁止破坏民族团结和制造民族分裂的行为。第五，实现各民族的共同繁荣。

不仅我国民族区域制度受到了古代对少数民族实行自治做法的影响，"一个国家，两种制度"，设立行政特区的制度也和古代郡县制度、羁縻制度双轨制度不无关系。这种制度的特点是：单一制基础上，少数地方实行自治程度不一的制度。

世界上许多国家都采用联邦形式来解决一国复杂的多民族共存问题，列宁对此也十分赞成。而中国所确立的民族区域自治制度，既保留了单一制国家的优点，又吸取了联邦制国家的特点。这不但丰富了马克思主义关于国家地方制度的理论，而且在世界宪法史上也是一种独创。究其原因，它与中国过去长期实行少数民族自治的历史传统有很大关系。而《周礼》是最早设计少数民族自治的古代理论著作，因此它功不可没。

4. 官吏考课制度

西方许多学者指出，中国古代之所以能够长期保持一个统一的中央集权制的帝国，与它具有一个儒家化的官僚群体密切相关。这一群体以儒家学说作为共同奉行的行为准则和价值观念，不管宫廷风云如何变幻，他们日复一日地、墨守成规地操纵着国家机器的运转。当然，皇权和农民起义有时会砸烂这台机器，但他们会很快地将它修复。中国封建社会之所以能够延续两千多年，是与儒家化的官僚群体的不懈努力分不开的。在西方历史上，不曾具有类似现象。

这就给人们提出一个问题——中国古代何以能具有这

样一个官僚群体：从其内部结构来说，合理的选拔方式、严密的考核方式都是重要因素。前者保证不断地给这个群体注入新鲜血液；后者则确保这个群体去除污垢，永远保持活力。

选拔与考核是管理官吏工作中的两项重要任务。

《周礼》在官吏选拔方面，没有什么大的建树。但在官吏考核方面，它设计了一套周密的考课制度，影响了封建社会两千多年的官僚制度的演进。

《周礼》中对百官的考核由大宰负责、小宰佐助。天官、地官、春官、夏官、秋官、冬官按法定时间命令他们的下级属官呈报政绩。所谓法定时间，是指旬末、月末和岁末。《宰夫》职云："岁终，则令群吏正岁会；月终，则令正月要；旬终，则令正日成。"官员每隔十天要做一次工作小结，称为日成；每月又有一月情况的小结，称为月要；年底则有全年情况的总结，称为岁会。日成、月要、岁会又叫日计、月计、岁计。

日计由天、地、春、夏、秋、冬六官的首长负责，月计则需向天官系统的小宰呈报，岁计则由天官太宰负责。此外，每隔三年还有一次大计，亦由太宰负责。

考课的依据和标准，是太宰"八法"中的官成和官计。所谓官成，是指官员所掌职事完毕后，太宰、小宰则根据其文籍簿书，一一予以核实。文籍簿书有八类，即《天官·

小宰》所载的官府八成:"一曰听政役以比居;二曰听师田以简稽;三曰听闾里以版图;四曰听称责以傅别;五曰听禄位以礼命;六曰听取予以书契;七曰听买卖以质剂;八曰听出入以要会。"这八成实际上是检查核实官员工作情况的八种文籍簿书。"比居"即伍籍,记载各地可以承担徭役者的姓名,它可以作为核实赋役情况的依据;"简稽"即记载士卒兵器的簿书,它可以作为核实人员兵器的依据;"版图"即记载人口、土地分布的图籍,它可以作为核实户口、土地情况的依据;"傅别"即债券,它可以作为核实债款与利息数目的依据;"礼命"即记载各级官员等级规定的文书,它可以作为核实官员禄位情况的依据;"质剂"即地官系统中的质人所掌的商业成交券书,它可以作为核实市场买卖情况的依据;"书籍"是记载官民财用颁授的簿书,它可以作为核实财政收支情况的依据;"要会"是记载官府内自用物情况的簿书,它可以作为核实官府入出情况的依据。这八成是与此有关的官员必须如实填写的工作记录或原件会档,岁终作为考核的依据。

但是,八成只涉及一部分官员,并不包括所有的工作。对官员的考核,除了有文书可核实的部分之外,还应有对实际能力等方面情况的考核。所以,《周礼》又有"官计"一项作为考核标准。

官计的内容是"六计":一曰廉善,二曰廉能,三曰廉敬，四曰廉正，五曰廉法，六曰廉辨。善、能、敬、正、法、辨六计，是岁计及三年大计时，考核官员功过多少的六条标准，它所注重的不仅仅是"贤""德"一类的软性条件，而且还有是否称职这类硬性条件，因此六计皆关乎其能力、工作态度等。六计考察的细目，散见于《周礼》全书中，归纳起来，主要有以下几项：

人口多少

人口的多寡是关系国计民生的头等大事。人口愈多，政府的财源、兵源就愈充足，因此，人口数目增加与否，是考核官员政绩的主要标准之一。《秋官·司民》载："及三年大比，以万民之数诏司寇。司寇及孟冬祀司民之日，献其数于王，王拜受之，登于天府。内史、司会、冢宰贰之，以赞王治。"司民把人口数字汇报给司寇，司寇汇报给君主，君主则让人记录在册。

行政效率

例如，各级官员对于政府的各项法令是否及时执行，对于有时间性要求的工作是否如期完成等。《宰夫》云："治不以时举者，以告而诛之。"不按时执行或完成的将受到处罚。

技术水平

对从事技术性工作的官员，则主要考核其技术水平，以决定其废置诛赏。如《天官·医师》载："岁终，则稽其医事以制其食。十全为上，十失一次之，十失二次之，十失三次之，十失四为下。"每年终了，考核医师们的医疗成绩，作为俸酬的依据。病人都能治好的，列为上等，有十分之九治好的，列为次等，有十分之八治好的，列为三等，有十分之七治好的，列为四等，有十分之六治好的，列为下等。《天官·兽医》亦载："(凡兽之)死则计其数，以进退之。"与此相类。又如《天官·酒正》载："以酒式诛赏。"酒式即酿酒的程序、质量标准，合之者为善，不合者为不善，以此作为诛赏的依据。

管理善否

《周礼》中涉及财物管理的官员很多，他们是否称职，主要看其对财物的管理、经营能力如何。

《天官·宰夫》载："掌治法，以考百官府、郡都、县鄙之治，乘其财用之出入，凡失财、用物、辟名者，以官刑诏冢宰而诛之。其足用、长财、善物者，赏之。"意思是，按照治法考核各官府的政绩，核查他们的财用收入和支出的情况。凡浪费公家财物、支出不当、虚列账册而没有实物，就要依法制裁。财用充足、府库盈实，又能增加产值力求精善的，那就予以奖赏。对掌物的官员，则考核其保管的状况，以及账面是否相平。

对官员的考核，除官员呈报政绩、主管部门考课之外，还通过派官员下行巡察，来搜集和了解官员的治绩。

《地官·司谏》云:"巡问而观察之,以时书其德行道艺,辨其能而可任于国事者,以考乡里之治,以诏废置,以行赦宥。"通过巡问观察,以考乡里之治,所得情况更为可靠、具体,以作补察之用。

总之,《周礼》第一次详细制定了考课官吏的原则和方法。这一设计极大地影响了封建社会的官吏考核制度。

西汉王朝一建立,刘邦等人就关注着官吏考课法的创立。不久,《上计律》即问世,其内容大致包括四个方面:(1)形式。有县集簿、郡计簿和朝会课三种。凡在县考课者为集簿,考课内容有户口垦田、钱谷入出、盗贼多少等。凡在郡考课者为计簿。当郡中的计簿送达朝廷后,便进行会课。所谓会课,即设有专门的考课官,他们向被考课者提出种种问题,被考课者则当面对答。通过这样的方式来考察郡一级的官员的政绩与品行。(2)考课时间。一般规定小考为一年,大考为三年。(3)考课管辖。它分为四种形式。首先是三级官府逐级考:郡守考县令,丞相、御史考九卿和郡守,公府考掾史;其次,当三考进行后,丞相负责评判优劣,进行汇总工作,而御史则察其虚实,查出计簿不实者要依法论处;最后是上计,又称受计,丞相、御史将考课的总呈上报给天子,作为国家的一项正式大典于正月初一在群臣朝贺之时举行。(4)考课黜陟法。在经过县、郡、朝廷完成考课之后,按官吏的政绩和品德分别做出结论和给予奖惩。奖包括升迁、超迁（越级提升）或留职；罚包括当场责问、免官或废弃三种。

三国时期魏的考课法，叫"都官考课七十二法"。大体包括两个部分：一是州郡考绩用四科，称"课州郡之法"；二是对公卿大臣实行职务考课。考课的基本内容大致是，对于"夙夜在公，恪勤特立，当官不挠贵势，执平不阿所私，危言危行以处朝廷者，自明主所察也。若尸禄以为高，拱默以为智，当官苟在于免负，立朝不忘于容身，洁行逊言以处朝廷者"，当为不良之吏，应予撤换（《三国志·杜恕传》）。考课的频率为三年一考。

西晋武帝泰始四年颁布了《五条郡县法》。即：一曰正身，二曰勤百姓，三曰抚孤寡，四曰敦本息末，五曰去人事。并于次年下诏书规定："三年而课赏之。"确定了考绩仍为三年一课。

南朝宋齐梁陈四朝的考课，基本上遵循西晋之法，但也略有变动。如宋的考课由六年改为三年一大考，齐改为一年一考，在时间上趋向缩短。在考课内容上强调重农桑、增市赋，比魏晋的考课法增加了不少经济方面的内容。

北朝的考课以北魏和北周为严格，它们强调考课与举贤同为一体。北魏有三等考课法，三年一考，评出上上、中中、下下三等，"上上者迁之，下下者黜之，中中者守其本任"（《魏书·高祖孝文帝纪》）。北魏宣武帝又做了进一步的修改，将考察的官吏分成任事官与散官两类，对当任者三年考察一次，散官四年一次，以决定其升降。

北周运用六条诏书考课。宇文泰当政，对北魏的考课制度进一步改革。制定了六条考课法：一、先治心；二、敦教化；三、尽地利；四、擢贤良；五、恤狱讼；六、均赋役（《周书·苏绰传》）。这六条考课法注意到了官吏的身心修养与社会精神敦化的关系，注意到了官吏的经济政绩和提高民族勤劳素质的职任关系，说明北周统治者已经开始认识到运用考课法来调整社会关系的基本意义。

隋唐的考课分为计课与考绩两大部分。所谓计课，是按日月累计官员的功过（和《周礼》如出一辙）；所谓考课，是根据考课法规定实行定期的政绩考核。前者一般由各部寺及地方行政部门长官自行负责，后者则是严格的既有程序又有实体内容的考核。

唐代的考课法规有两种。

（1）四善二十七最。这是流内官的考课法。它的具体内容为：

四善：第一，德义有闻；第二，清慎明著；第三，公平可称；第四，恪勤匪懈。

二十七最：第一，献可替否，拾遗补阙，为近侍之最；第二，铨衡人物，擢尽才良，为选司之最；第三，扬清激浊，褒贬必当，为考校之最；第四，礼制仪式，动合经典，为礼官之最；第五，音律克谐，不失节奏，为乐官之最；第六，决断不滞，与夺合理，为判事之最；第七，部统有方，警守无失，为宿卫之最；第八，兵士调习，戎装充备，为督领之最；第九，推鞫得情，处断平允，为法官之最；第十，雠校精审，明于刊定，为校正之最；第十一，承旨敷奏，吐纳明敏，为宣纳之最；第十二，训导有方，生徒充业，为学官之最；第十三，赏罚严明，攻战必胜，为将帅之最；第十四，礼义兴行，肃清所部，为政教之最；第十五，详录典正，词理兼举，为文史之最；第十六，访察精审，弹举必当，为纠正之最；第十七，明于勘复，稽失无隐，为句（勾）检之最；第十八，职事修理，供承强济，为监掌之最；第十九，功课皆充，丁匠无怨，为役使之最；第二十，耕耨以时，收获成课，为屯官之最；第二十一，谨于盖藏，明于出纳，为仓库之最；第二十二，推步盈虚，究理精密，为历官之最；第二十三，占候医卜，效验居多，为方术之最；第二十四，检察有方，行旅无壅，为关津之最；第二十五，市廛不扰，奸滥不行，为市司之最；第二十六，牧养肥硕，蕃息孳多，为牧官之最；第二十七，边境肃清，城隍修理，为镇防之最。

根据四善二十七最的标准，考课之后，评出九等，即上三等（上上、上中、上下），中三等（中上、中中、中下），下三等（下上、下中、下下）。凡中上以上每进一等，加禄一级；中中守本禄；中下以下每退一等夺禄一级。

（2）四等法。这是流外官的考课法，它有分等和记分两种形式。"凡清谨勤公为上（等），执事无私为中（等），不勤其职为下（等），贪浊有状为下下（等）。"此为分等，记分是这样的：凡"诸州县官人，抚育有方，户口增益者，各准见户为十分论：每加一分，刺史县令各进考一等，其州户口不满五千，县户不满五百者，各准五千五百户法为分；若抚养乖方，户口减损者，各准增户法，亦每减一分降一等。其劝课农田，能使丰殖者，亦准见地为十分论：每加二分各进考一等；其有不加劝课，以致减损者，每损一分降考一等。若数处有功，并应进考者，并听累加"（《通典·选举典》）。这种记分法与分等法相结合的州县考课制度，总体上是：凡为中上者将加官晋级，中中者守其本任，中下者将被解任或受到一定的惩处。

唐代的考课机构设置严密，由吏部尚书下的考功郎中综理，参与此事的有五十多位官员。考课时间规定，常课由本司及州县长官定期进行，一年一小考，称岁考，三考后定升降。

宋代的考课法规，仅以目前所存世者而言，尚有《京官考课法》《州县官考课法》《监司考课法》，以及《元丰考课令》《守令课》《县令课》等六种，它们以具体的实施细则完善了唐代的考课法规，宋代的考课机构分为审官院和考课院，前者专门负责京朝官的考课，后者负责幕职和州县官的考课。在考课过程中分三级进行：守令考县令，监司考知州，两院考百官。宋代的考课又称磨勘，意为检验复核。

京朝官考课法又称三等第法。上等的标准是：能够做到公、勤、廉、恪，而又圆满地履行了自己的职责；中等的标准是：只具备公、勤、廉、恪四项中的一项；下等的标准是：既无公、勤、廉、恪的声名，又工作差错甚多。凡为上等者升迁，中等者无所赏罚，下等者降级。

知州县令考课法的内容主要是四善四最。庆元时代以前规定的四善为：德义有闻；清谨明著；公平可称；恪勤匪懈。四最为：生齿之最（民籍增益，进丁入老，批注收落，不失其实）；治事之最（狱讼无冤，催科不扰）；劝课之最（农桑垦殖，水利兴修）；养葬之最（屏除奸盗，人获安居，赈恤困穷，不致流移；虽有流移，而能招诱复业，城野遗骸无不掩葬）。(《庆元条法事类·职制门·考课》)

守令课的内容主要有七事：宣诏令；厚风俗；劝农桑；平狱讼；理财赋；兴学校；实户口。

县令课的内容主要有四科：纠正税籍；团结民兵；劝课农桑；劝勉孝悌。

对于路一级的转运使、提点刑狱使的考课标准分为七个方面：举官当否；劝课农桑；户口增损；兴利除害；校正刑狱；盗贼多寡；事失案察。

元代的考课法基本上是以忽必烈中统五年的规定为其主要法律依据，主要内容有：（1）五事三等考课升殿法。户口增、田野阔、诉讼简、盗贼息、赋役平，为考课五事。凡五事全备者为上选，具备三事者为中选，五事不具一者罢官。（2）御史台考殿最。御史台是监察百官的机关，为了保证御史台官员具有良好的素质和勤于上进，法律规定御史台官员也要参加考课，并评出最差的和最好的各一人。

明代的考课法有考满法和考察法两种：（1）考满法。它是考核功过、决定升降的立法，它主要适用于京官和外官的常规考绩。所谓满，是时间上的限定，有三年初考、六年再考、九年通考三级。经过考课然后评出三个等次：一称职，二平常，三不称职，为上、中、下三等。根据等级依职升降。（2）考察法。它是针对监察过失、决定处罚而设立的考课法规。考察分为京察和外察。京察是每六年举行一次，考察内容有八项：一贪，二酷，三浮躁，四不及，五老，六病，七罢（疲）软，八不谨，通称八法。考察方式有两种：对四品以上的官实行自己述职，皇上决裁；五品以下由吏部主察，御史台复核。外察是每三年举行一次，实行朝觐制，由考察者随身携带所考典绩。考察内容仍按八法，先由州县以月计，府上下其考，然后年终报布政司，至三年造册具报，按照八法而处分。

清代考课承袭明制，进一步简化为京察、大计两项：（1）京察法。考核在京官吏，每六年举行一次，考察内容为四格六法：四格者即才、守、政、年为鹄，分称职、勤职、供职三等。列一等者，加级记名。（《清续文献通考》卷五九）才，有长有短；守，有廉有平有贪；政，有勤有平有怠；年，有青有中有老。根据这四格定出政绩三等，即称职、勤职和供职。凡守清、才长、政勤，年或青或壮或健者，为称职，列第一等；守勤、才长、政平，或者守勤、政勤、才平，年或青或壮或健者，为勤职，列第二等；守勤、才平、政平，或才长、政勤、守平，为供职，列第三等。而在四格中，守占比重最大，因此往往守者见成绩的，也即守勤者为上等。六法主要用于惩治处理官员六个方面的问题：一是"不谨"，二是"罢（疲）软无为"，三是"浮躁"，四是"才力不足"，五是"年老"，六是"有病"。凡对不谨、罢（疲）软者一律革职，对浮躁、才力不足者降职，而年老有病者则令其退休。（2）大计法。这是考核地方官员的法规。每三年进行一次。其内容分为二等六法。二等即卓异与供职，前者是其治绩卓越于他人，可以升迁；后者是寻常成绩无甚建树，不能升迁。同时参以六法，对于成绩低劣者，按六法规定进行惩罚。

隋唐考课制度的特点是考课制度法律化、重视政绩，实体内容多，虚的少；宋元考课制度的特点是考课机构健全，分级进行；而明清考课制度的特点是以部门为主体，各部立法为依据，考核、监察相统一。

把上述封建社会官吏考课制度与《周礼》作一对比，就不难发现，《周礼》在以下几个方面影响了后来的官吏考核制度：第一，考课分级进行。《周礼》中的考课分两级，一是天、地、春、夏、秋、冬六部，二是太宰。而后来封建社会的考课或分两级，或分三级，显然是受了《周礼》的影响。第二，考课时间以一年和三年为限。《周礼》中的考课主要有岁计（一年一度的考核）和大计（三年一度的考核）。而后来封建社会的考课制度虽有一年、三年、六年乃至九年的期限，但主要还是以一年、三年为期限。第三，考课的重点为品德和政绩并重，而以政绩为主，《周礼》的考课标准是善、能、敬、正、法、辨六项，其中除了善、敬二项涉及官员的品德外，其他四项涉及的均是官员的能力、政绩。而后来的封建社会考核官吏的原则也不外是品德和政绩两项，有的朝代偏重于品德，有的朝代则偏重于政绩。第四，考课的具体内容主要是人口的增加、办事不拖拉、技术水平和管理水平。《周礼》对官吏的考课主要是这几方面，而后来封建社会的官吏考核也主要集中在人口的增加和土地的开垦两方面，对技术官吏的考核则与《周礼》的规定完全一致。第五，依据考核结果决定官吏的升降。《周礼》规定太宰的职责之一，就是每年终了时，命令各官府整理政绩的资料，接受考核，按照政事的得失功过，呈请国君加以赏罚、升迁或降免。每三年则进行一次大计，即仔细考核所有官吏的政绩，呈请国王应该予以庆赏或诛罚。这就体现了依据功过赏罚官吏的精神，后世封建社会的官吏考核制度体现的也是这一精神。这样做减少了君主任用官吏的随意性。

《周礼》严格考核官吏的思想不仅影响了封建社会的官吏考核制度，也影响了近代的治官思想和官吏考核制度。例如，在孙中山先生"五权（立法权、行政权、司法权、考试权、监察权等）宪法"思想的影响下，国民党政府实行五院（立法院、行政院、司法院、考试院、监察院）制，其中考试院有两大职责，一是通过考试选拔官员，二是通过考核铨叙官职。国民党政府对于所任用的公职人员，一般都要进行成绩考核。考绩分为年考和总考。所谓"年考"，就是每年的十二月份对同一机关任同等官等职务的人员进行考核；所谓"总考"，就是对同等官等职务三年的成绩，在第三年年考后，进行一次总考。在进行考绩时，一般分为初核和复核。初核由直接主管部门进行，然后再由上一级进行复核，最后由该机关主要负责人再复核，也就是最后复核。如果该机关只有一级，则由该机关主管人员考核。考核的内容，主要是工作、学识、操行三项。其中工作占总分的50%，学识和操行各占总分的25%。总分在80分以上为第一等，逐次下推，每等相去10分，直至不满40分为第六等。以上是年考评出的等级，而在三年一度的总考中，90分以上者为第一等，直至不满40分为第七等。不论年考或总考，均以60分为合格。工作分数不满30分或学识、操行不满15分，仍以不合格论处。年考和总考分别由不同的机关进行，其中年考由上述机关考核并报考试院里的铨叙部登记，总考则由铨叙部及其铨叙分机关进行。未设立铨叙分机关的省市，中央和地方公职人员的考核则归铨叙部或在该省设立公务员任用委托审查委员会办理。

在上述公职人员年考和总考评定出来后，针对成绩优劣给予不同的奖惩。奖惩办法分别是：年考为晋级、记功、不予奖惩、记过、降级、解职六种；总考为升等、晋级、记功、不予奖惩、记过、降级、解职七种；其中荐任或委任职人员因成绩特优而应升等又无缺额，或者已升至本职最高级而应晋级又无级可升时，则分别给予简任或荐任待遇。但是，各机关升等人员中荐任升等不能超过荐任人员的十分之一，委任升等不能超过委任人员的二十分之一，如果成绩过劣应行解职的人员，年考不得少于该机关总额的百分之二，总考也不得少于百分之二，所余缺额则以考试合格人员补充。

显而易见，国民党政府的年考和总考与《周礼》中的"岁计"和"大计"非常相似。这种超越时间而历久不衰的精神现象，就是一种民族文化积淀。

5. 弹劾与谏议

中国历史上首次设计官吏监察制度的理论著作是《周礼》。《天官·小宰》规定："小宰之职，掌建邦之宫刑，以治王宫政令，凡宫之纠禁。"纠禁就是"纠察职责"。《天官·宫正》又规定"掌王宫之戒令纠禁"，同时，"辨外内而时禁，稽其功绪，纠其德行"。这里，纠禁指的是对宫廷官吏遵守法令的监察，而稽功则是通过运用考核监察手段。察其德行以辨识官员执法与守法的状况。在宰夫职责中还有"以官刑诏冢宰而诛之"的规定，此处的"官刑"则是专门监察官吏的刑事法律规定，或者说是制裁职务犯罪的刑事法律规范。

除了小宰、宰夫之外，监察百官的还有一些史官（大史、内史等）和司士。史官知识丰富，熟悉典籍，故能纠察百官过失。《春官·大史》规定："大史，掌建邦之六典，以逆邦国之治；掌法，以逆官府之治；掌则，以逆都鄙之治，凡辨法者考焉，不信者刑之。"《春官·内史》规定："内史，掌王之八枋（柄）之法以诏王治。一曰爵，二曰禄，三曰废，四曰置，五曰杀，六曰生，七曰予，八曰夺。执国法及国令之贰,以考政事,以逆会计。掌叙事之法,受纳访,以诏王听治。"大史和内史都是根据法律、法规来纠察百官。司士亦有监察百官之责,《夏官·司士》规定:"司士,掌群臣之版以治其政令,岁登下其损益之数,辨其年岁与其贵贱。周知邦国都家县鄙之数,卿、大夫、士、庶子之数,以诏王治,以德诏爵,以功诏禄,以能诏事。"这就是说,司士掌理群臣的名籍,主管官吏升降罢免、调动、考核的政令,每年按时登记或注销,知道官吏提升,罢免、增加和减少的情况,辨别他们的年龄与出身贵贱,周知邦国、都家、县鄙、卿、大夫、士、庶子的数目,并报请国王予以升迁降免。有德的报请国王授给他正爵,有功的报请国王授给他正禄,有才能的报请国王授给他官职,能够胜任官职的颁给他采邑。

《周礼》对失职官员的惩处,有专门的刑罚,称为官刑。《大宰》八法曰:"七曰官刑,以纠邦治。"官刑是大司寇五刑之一,《大司寇》云:"四曰官刑,上能纠职。"官刑的作用,在于"上能"与"纠职"两项,"上能"即崇尚多才多艺,胜任其职者;"纠职"即对无德无才、严重失职者予以处罚。《宰夫》云:"凡失财、用物、辟名者,以官刑诏冢宰而诛之。"凡浪费公家财物、支出不当和虚列账册没有实物的,那就要根据官中的刑法报请冢宰加以诛罚,此即纠职之例。

《周礼》一方面监察百官,另一方面亦设立专官监察天子之过失。《地官·师氏》云"师氏,掌以媺诏王",即师氏要负责把正确的道理教给国王。《地官·保氏》又云"掌谏王恶",即保氏要负责劝谏国王的过失。师氏、保氏虽能监察天子,但绝对不能处罚天子。

《周礼》监察百官的思想及其相应的设计方案,对后来的监察制度产生了很大的影响。

中国封建社会的监察制度由御史和谏官两大系统构成。御史察吏,职在监督百官,纠弹他们的非法行为;谏官司言,职在谏诤君主,封驳违失。两者各有分工,相互配合,在封建国家政治生活中发挥着重要的作用,成为中国古代政治制度和法律制度中一项独具特色的制度。

秦始皇统一天下,建立专制主义中央集权,为了加强对各级官吏的管理和监督,在中央建立了监察机关——御史府,以御史大夫为长官,掌"典正法度"。次为御史中丞,外领监郡御史,以督郡县,内领侍御史,以督朝廷大臣。御史整肃朝仪时,"皆冠法冠",以示执法不阿。汉初沿袭秦制,御史大夫为三公之一,兼副相,除掌监察外,尚须协助丞相处理日常行政事务。御史中丞下设侍御史多人,专掌纠劾。武帝时将全国划分为13个监察区,各置部刺史一人,作为中央派驻地方的监察官,各部刺史以"六条问事",把防范和制裁郡守、国相(二千石官)专恣擅权和强宗豪右以强凌弱、欺霸乡里，作为监察的重点。并视需要派遣绣衣直指处理中央和地方大案。另设司隶校尉，负责京师及其附近地区的监察。汉哀帝时改御史大夫为大司空，设御史台专掌监察大权，以御史中丞出任长官，成为我国历史上专门监察机构形成的主要标志。其名义上虽仍隶属作为九卿之一的少府，但可以独立行使监察权，至东汉每逢朝会，御史中丞、司隶校尉和尚书令各据一席，称为"三独坐"。

魏晋南北朝时期，御史台与少府完全脱钩，成为由皇帝控制的独立监察机构，"自皇太子以下，无所不纠。初不得纠尚书。后亦纠之"（《通典》卷二四）。权势显赫，震肃百僚。

唐代监察制度得到进一步发展和完备。中央设御史台，以御史大夫和御史中丞为正、副长官，"掌以刑法典章，纠正百官之罪恶"（《新唐书·百官志》）。其下设三院：台院为御史台本部，设侍御史掌纠弹中央百官，参与审理重大案件。侍御史在诸御史中权高位重，由皇帝直接指派。殿院，设殿中侍御史，掌殿中供奉礼仪，纠察百官失礼行为，维护皇帝的威仪和尊严。察院，设监察御史，将全国划分为十道（后改为十五道），各派监察御史一人，分别监察地方和尚书省六部。三院既有明确分工，又相互配合，从而奠定了整个封建监察体制和模式形成的基础。

宋承唐制。所不同的是，宋初设置谏院，形成与御史台并立的监察机构，合称"台谏"。在维护皇权、削弱相权方面发挥着重要作用。为加强中央对地方的监督，于地方上分别设监司和通判。州府公事必须与通判连署，方可施行，对地方官吏失职不法行为，有"举刺"之权。

元代御史台地位大大提高，成为与中书省、枢密院三足鼎立的中枢机构之一。元世祖忽必烈说：中书省是我的左手，枢密院是我的右手，御史台是专医我两手的。御史大夫秩高从一品，远远超过历代。御史台的权力也大大加强。在地方设二十二道肃政廉访使，"司耳目之寄，任刺举之事"。另在江南和陕西设置行御史台，与中央御史台一起，分别监察各地行中书省和统管各道肃政廉访使的工作。

明太祖朱元璋一开始就非常重视监察机构的作用。他说："国家立三大府，中书总政事，都督掌军旅，御史掌纠察，朝廷纪纲尽系于此，而台察之任尤清要"（《明史·职官志》）。洪武十五年（公元1382年），朱元璋改御史台为都察院，又名"风宪衙门"，地位与中央六部并列，其长官都御史为七卿之一，下设十三道监察御史，员额多达一百一十人。在京分道司职，不受长官都御史节制，直接向皇帝负责。出巡地方则为巡按御史，位卑权重，"大事奏裁，小事立决"。地方遇有重大事件，则派遣高级官吏带宪衔出巡，不仅行使监察权，有时还受命兼管其他事务。

兼管行政和民政的称"巡抚",兼管军事的称"提督",兼管行政、财政、军事的称"总督",有"便宜行事"的大权。除都察院外,明代还设有另一独立监察系统——六科给事中,专门负责对吏、户、礼、兵、刑、工六部的监督。凡六部奏请皇帝核准施行之事,须先经给事中审查,大事奏裁,小事署而颁之,有所不当则予以驳回。六科给事中的设置,既有力地钳制了六部,也分割了都察院的权力,便于皇帝的控制和操纵。但由此也造成给事中与都察院之间的矛盾和摩擦,不利于监察权的统一行使。到了清朝雍正年间,遂把六科给事中并入都察院,六科给事中与都察院所属各道监察御史称"科道",分工负责,对中央和地方各级机构进行监察。

历代御史行使监察权的最基本的方式是弹劾。

首先,从弹劾对象来看,除皇帝之外,自皇太子、宰相以下文武百官,无所不纠。汉武帝时,御史大夫张汤因文帝陵墓瘗钱被盗,欲劾丞相之罪。其受命治理巫蛊案,陈皇后因而被废。后来武帝又派绣衣直指江充再治巫蛊案,皇太子获罪自杀。晋朝时,刘曦为御史中丞,先后奏弹大臣犯法十余人,打破"不纠三公"的惯例。唐时侍御史"掌纠举百僚",凡被纠弹的大臣,必须出列,"立朝堂待罪"。宋朝自宰相以下文武百官,凡"不循法守,有罪当劾,皆得纠正"。元朝对蒙古宗室贵族,清朝对亲王贝勒大臣违法犯罪,均许御史纠弹。康熙时左都御史郭琇半年内弹劾参罢三宰相、两尚书、一内阁大学士,声振天下,被誉为"铁面御史"。

其次,纠弹内容,极为广泛。凡官吏失职,违法犯罪乃至个人思想品德,无不在纠弹之列。明朝规定:"凡大臣奸邪,小人构党,作威福、乱政者,劾;凡百官猥茸贪冒,坏官纪者,劾;凡学术不正,上书陈言变乱成宪、希进用者,劾。"(《明史·职官志二》)清朝在《吏部则例》中对官员督察和纠劾的内容规定得更加具体,凡在任官员有挟私报复、徇庇容隐、屈廉为贪、失察失报、赴任违限、推诿事件、侵吞捐款、库项空亏、盗卖漕粮、捏造钞报、修书错误、私压本章、有违驿务、断狱不当、家人私出扰害等行为,均要受到查究。乾隆年间,总督熊学鹏仅因在父母亡故期间拜发奏章,就被御史指责为"忘亲不敬",而加弹劾。

再次,御史进行弹劾的方式,主要有面弹和奏弹两种。面弹也称"杖弹",即对朝廷大员在朝堂上当众弹劾。唐时由台院侍御史身穿绯衣,头戴獬豸冠,对仪仗宣读弹文,被弹大臣出列俯首待罪。如唐中宗时,御史靳桓等入朝面劾宰相崔湜等"卖官鬻爵",败坏法纪,崔无法抵赖,被下狱治罪。明代凡都御史穿绯衣入朝,必有纠举,"大臣莫不股栗"。御史弹劾涉及重大问题,一般允许被劾者"于帝前争论之",也允许其他官吏出廷辩护。通过廷辩,弄清是非，然后由皇帝裁决。奏弹，即以书面形式向皇帝提出对不法官吏的弹劾。唐代由御史在皇帝视事之日奏之。唐中宗时，皆须先进状听候皇帝旨意，许奏则奏之，不许则止。清朝雍正时实行密奏，在皇帝作出裁决前，弹劾内容绝对保守秘密，使皇帝有可能先调查核实，以掌握处置的主动权。

此外，尚有"共劾""复劾""案劾""重劾""自劾"等方式。为使御史放手纠弹，还允许御史进行"风闻弹事"和"独立弹事"。前者规定御史的纠弹内容同事实若有出入，也不治罪；后者规定御史弹劾可直接向皇帝提出，不受御史台长官的牵制。

御史对官吏实施弹劾，一是平时发现官吏重大失职违法和犯罪行为，"不待考满之期，即时参奏"；二是结合官吏考课之日进行。如明代的一次京察，对全体京官进行全面考核。京察之时，由大臣自陈政绩，决定去留。凡行为失检者，"给事中、御史纠劾，谓之拾遗。拾遗所攻击，无获免者"。御史一旦提出弹劾，即使四品以上的大臣都无法幸免。

当然，御史进行弹劾，效果如何，作用大小，最后取决于皇帝。在政治开明、君主贤能的情况下，御史一般能正常行使职权，通过纠弹，揭露矛盾，解决矛盾，达到整饬吏治、强化皇权的目的。但在君主昏庸、政治腐败的情况下，御史纠弹作用常常受到严重的摧抑和削弱，有的动辄得咎，遭致杀身之祸；有的党同伐异，"非亲不举，非仇不弹"；有的善伺上意，趋炎附势，助纣为虐，滥杀无辜，致使御史弹劾制度走向它的反面，成为皇帝和权臣用来搏击臣下，剪除异己，进行争权夺利的重要工具。

在《周礼》的影响下，中国封建社会的监察制度既包含了监察百官的御史弹劾制度，又包含了批评纠正皇帝过错的谏议、封驳制度。

所谓谏议、封驳制度，就是允许谏官和大臣像《周礼》中的"保氏"和"师氏"那样，对君主"献可替否"，匡正违失。

所谓"献可"，就是对国家大事向皇帝献计献策，正确的意见由皇帝采纳实施，不正确的意见也不治罪。所谓"替否"，就是对皇帝所做出的决定，可以提出不同意见，尤其是皇帝未经咨询而交办的重大事项，如果认为不妥，有责任加以谏阻。其方式有二：第一，谏议。即以口头或书面形式直接向皇帝进言。第二，封驳。即对皇帝准备下达的诏书进行审核，"凡事有不妥，得以封还"。由于这一制度着眼于封建国家的整体利益，有利于保障皇权的长治久安，因此在一般情况下尚能为皇帝所接受，其中一些有远见的封建统治者比较注意发挥这一制度的作用，从而正确处理好同谏官的关系。

秦汉时期，设有散骑常侍、谏大夫（后称谏议大夫）、议郎，以"匡正君主，谏诤得失"。还设有给事中于皇帝左右，备"顾问应对"，随时献纳，且有权审查"尚书奏事"。

至隋唐，谏官组织和谏议封驳制度得到发展和健全。唐代中央政府实行"三省制"，中书省决策，门下省复核，尚书省执行，形成三个相互配合、相互制约的权力机关。门下省设有散骑常侍、谏议大夫、补阙、拾遗、给事中等，专掌谏议和封驳之任。

唐朝初期，由于统治者的重视和鼓励，谏议和封驳呈现一派生机。"纳谏者昌，拒谏者亡"，唐太宗认真总结了隋亡的历史教训，把"任贤良，受谏诤"提高到治国安民、长治久安的高度来对待。因而能从谏如流，多次下诏求谏，重赏谏臣。著名谏臣魏征先后进谏二百余事，数十万言，内容涉及政治、经济、军事、法制、用人、皇帝家事乃至皇帝个人品德。这些意见虽如"药石之苦喉"，但唐太宗都一一采纳。据《贞观政要·纳谏》记载，原隋朝官吏郑仁基之女，年方十六七岁，姿色艳丽，太宗欲召为嫔妃。当谏议大夫魏征闻悉该女已许配陆氏，即向太宗进行谏阻，"陛下为人父母，抚爱百姓，当忧其所忧，乐其所乐"，"今郑氏之女久已许人，陛下取之不疑，无所顾问，播之四海，岂为民父母之道乎？"太宗闻之大惊，亲自以诏书作答，"深自克责"，立即停派策使，将该女归还原夫陆氏。在此风气影响下，连栎阳县一个小小县令也敢以"收获未毕"、有误农时为由，上疏谏阻唐太宗到该地狩猎。为了保证谏官作用的充分发挥，唐太宗下令凡宰相讨论军国大事，"必使谏官随入，预闻政治"，谏官向皇帝陈论政事，也不必事先向宰相报告，从制度上保证言路的畅通，这些措施对"贞观之治"的形成，起了重要作用。

宋朝设置谏院，以左右散骑常侍、左右谏议大夫、左右司谏、左右正言"同掌规谏讽谕"。在隶属关系上脱离门下省，由皇帝直接掌握，表面上好像提高了谏官的地位，实则谏院已成为皇帝用来钳制和削弱宰相权力的工具。原来谏官的主要任务是规劝天子、正朝廷，现在则主要用以纠正宰相，处处加以掣肘和抨击，弄得宰相手足无措，有的只好挂冠而去。再加上宋代强化君主专制集权，皇帝重"台"不重谏，虽设谏院，后期多不置员，不过徒具形式而已。

明朝随着极端君主专制集权的加强，朱元璋干脆废除原有谏官，以六科给事中兼任谏职，但其处境更是江河日下，远非昔日可比。明武宗准备南巡，给事中御史及大臣107人进行谏阻，结果被罚跪午门外五天，各杖30至50大板，死伤数十人。谏官安全没有任何法律保障，"一封朝奏九重天，夕贬潮阳路八千"，有的因一言之失，而招杀身之祸。但是直到清末，谏议制度依然存在，其原因就在于它作为皇帝手中的工具：欲用之，则举之；不用之，则弃之；不顺之，则灭之。

与谏议制度密切联系的封驳制度，汉时已经形成。所谓封驳，即封还皇帝不甚妥当的诏书，驳正臣下显有违误的奏章。唐代在门下省特设给事中四人，专掌封驳之任。凡中书省起草的诏令和下达的文件，给事中认为不妥或不便施行，可批注意见予以"奏还"，谓之"涂归"。如唐太宗擅自变更已颁布实施的法令，欲征不满18岁的男子为府兵，诏令四次下达，均被驳回。给事中面对唐太宗的责难，据理力争，终于迫使唐太宗收回成命。如果制敕可以宣行，则给事中"署而颁之"。此外，百司上呈皇帝的奏章，也须先经给事中审核，如有违误，也有权驳正。大理寺、刑部、御史台三法司会审的重大案件，如判决不当，得依法驳回重判，天下冤滞无告者，得与御史纠理。凡六品以下文武官员任用不当，给事中有权裁退。唐代给事中权力之重，前所未有。

明朝罢中书、门下省，独设六科给事中，虽仍掌封驳之任，但重点在于代表皇帝监察吏、户、礼、兵、刑、工六部，性质已由谏官变为纠察官。其封驳之责着重驳正六部和百官奏章，"六部之官无敢抗科参而自行者"，皇帝下达六部执行的诏旨，"必由六科，诸司始得奉行"。执行情况由六科给事中监督，不能按要求如期完成任务的，要受到纠弹。至清朝，皇帝的谕旨改由军机处直接到部，不再经给事中之手,给事中封驳大权,遂被完全剥夺。

综观我国古代监察制度,则具有以下几个基本特点:第一,监察机构由御史、谏官两大系统组成,自成体系。在封建国家政治体制中,与中央最高行政机关、军事机关鼎足而立,地位显要。在监察系统内中央与地方实行垂直领导,御史行使职权一般不受上级和同级行政长官的干预,以利于监察权的独立行使。第二,监察机关统一实施行政监察和司法监察,拥有谏议朝政、封驳诏书、考核、纠弹官吏、检查财政会计、监督军纪、参与并监督审判等大权。除皇帝之外,无所不察,无所不纠。第三,御史监察权为皇帝所赋予,御史有权监督百官,无权纠弹皇帝。御史作为皇帝的御用工具,直接对皇帝负责,代表皇帝实行自上而下的监督,而无自下而上的监督。为了有效行使监察权,允许御史"风闻弹事""独立弹事",以卑临尊,以小监大(监察御史多为七、八品官),地方实行一年一换制等。但是,整个监察作用的大小、好坏,主要取决于皇帝。第四,御史、谏官两大监察系统在其发展过程中,谏官系统日益萎缩和削弱,而御史监察系统日益发展和强化,反映了君主专制集权的不断强化。封建监察制度的根本任务在于维护和加强以皇权为核心的封建专制制度,因此由封建专制制度所衍生的一切弊端,也不可能靠封建监察制度来解决。

把《周礼》关于监察制度的设计方案与后来的封建监

察制度相对比,即可发现《周礼》在以下几个方面影响了封建社会的监察制度:第一,《周礼》的"保氏""师氏"和"太宰""宰夫""内史""司士"对后来御史、谏官两大监察系统的形成,具有直接的影响。保氏和师氏是专门向君主"献可替否"的,后来的谏官系统就是由此演进而成的;太宰、宰夫、内史、司士是专门纠弹百官的,后来的御史弹劾制度就是由此演进而成的。第二,《周礼》把监察官视为君主御用工具的思想直接影响了封建监察制度的性质。《周礼》中负责监察百官的主要官员是宰夫,宰夫的上司是小宰,小宰的上司是太宰,而太宰监察百官的目的是"诏王废置",即呈请国王根据官吏功过加以赏罚、升迁或降免。这就把监察制度变成了君主专制的组成部分。封建社会监察制度的性质亦如此,都是直接对皇帝负责,作为"天子之耳目"监察百官。第三,《周礼》中监察百官的具体内容影响了后世。从《天官·宰夫》职责可知,他要监察"财用之出入",是否浪费公家财物,是否虚列账册,是否听从王命、遵守法律。后世监察百官的内容与《周礼》是相当一致的。

《周礼》监察官吏的思想不仅影响了封建社会的监察制度,同时对近代的监察思想和制度亦产生了重要影响。

孙中山先生研究了中国古老的科举考试制度和监察制度,认为"中国的考试制度是世界最好的制度",它"可以除却盲从滥送及任用私人的流弊"。又说，"像满清的御史，唐朝的谏议大夫，都是很好的监察制度"(《总理全集》第1卷)。孙中山融汇古今中外政治法律学说，从西方"三权分立"的行政权中分割出考试权，从议会的立法权中独立出监察权，创立了自己的"五权宪法"。

孙中山关于监察权的创设，无疑受到了中国古代监察思想和制度的启发。当然他并非毫无批判地搬用古制。他指出："在君主专制国中，黜陟人才悉凭君主一人的喜怒，所以虽讲资格，也是虚文。至于社会共和的政体，这资格的法子正是合用。因为那官吏不是君主的私人，是国民的公仆，必须十分称职，方可任用"(《孙中山全集》第1卷)。

在孙中山"五权宪法"理论的指导下，国民党政府设立了立法院、行政院、司法院、考试院和监察院。监察院主要职责是对政府预决算及财政收支进行审核，对政府官吏遵纪守法情况进行监察，这两项构成国民党政府监察制度的主要内容，由此形成了弹劾和审计两种具体制度。

可见，《周礼》率先设计官吏监察制度，在中国历史上对官僚制度的演进、构造发挥了重要的作用。

6."六官"与六部

吏、户、礼、兵、刑、工六部是中国封建社会中央政府的重要组成部分。它们在唐代是中央最高执行机关——

尚书省所辖的六个部，明代废除宰相制度后，它们又成为向皇帝直接负责的中央六部，清朝循而未改。

六部是由《唐六典》确立的。最初唐玄宗手写六条，曰治典、教典、礼典、政典、刑典、事典，但是"历年措施，不知所从"，最后不得不仿照《周礼》六官体制加以编纂，所谓"以今朝六典象《周官》之制"。根据《唐六典》，尚书省分设吏、户、礼、兵、刑、工六部。这六部的职责与《周礼》天、地、春、夏、秋、冬六官基本相同。

天官冢宰统辖百官，掌管吏治，"以八法治官府""以八柄诏王驭群臣""以八则治都鄙"，官吏的考核监察和任免实为太宰的重要职责。而后来的吏部也主要是职掌天下官吏选授、勋、封、考课之政令，国家关于职官铨叙之典、封爵册勋之制、权衡殿最之法，悉以咨之。吏部下设四司，一为吏部司，掌考天下文吏的班秩阶品；二为司封司，掌全国封爵；三为司勋司，掌全国官吏的勋级；四为考功司，掌内外文武官员的考课。

地官司徒主要负责政府财政，"掌建邦之土地之图与其人民之数"，土地和人口是古代财政收入的基本来源，司徒掌握土地和人口方面的情况，是为了"以令地贡，以敛财赋，以均齐天下之政"。一句话，是为了多收赋税。而后来的户部也主要是"掌天下土地、人民、钱谷之政，贡赋之差"（《新唐书》卷四六《百官志·户部尚书》）。户部下辖四司，一为户部司，掌户口、土地、赋役、贡献、蠲免、优抚、姻婚、继嗣之事；二为度支司，掌天下租赋，物产丰约之宜等；三为金部司，掌天下库藏出纳，权衡度量之数；四为仓部司，掌天下军储、出纳租税、禄粮、仓廪之事。

春官宗伯主要负责"邦礼"（国家礼仪），故为"礼官"。宗伯所负责的国家礼仪活动，概括起来为"五礼"。一是"以吉礼事邦国之鬼、神、祇"；二是"以凶礼哀邦国之忧"；三是"以宾礼亲邦国"；四是"以军礼同邦国"；五是"以嘉礼亲万民"。后来的礼部也主要是掌礼仪、祭享、贡举之政，下辖四司：一为礼部司，掌礼乐、学校、衣冠、符印、表疏、图书、册命、祥瑞、铺设及百官、宫人的丧葬赠赙；二为祠部司，掌祠礼、享祭、天文、漏刻、国忌、庙讳、卜筮、医药、僧尼之事；三为膳部司，掌陵庙的牲豆酒膳；四为主客司，掌二王后及诸蕃朝见之事。

夏官司马主要负责政府军政事务，"以九伐之法正邦国：冯弱犯寡则眚之，贼贤害民则伐之，暴内陵外则坛之，野荒民散则削之，负固不服则侵之，贼杀其亲则正之，放弑其君则残之，犯令陵政则杜之，外内乱、鸟兽行则灭之"，这九者皆为军事征伐事务。此外，征兵、军事训练亦为司马所掌。后来的兵部也是职掌武选、车马、兵械等军政事务。凡将出征，要告庙，授以斧钺；军不从令，大将有专决权。

发兵时，降敕书于尚书，尚书下文符。兵部下辖四司，兵部司掌征兵、军事训练等，职方司掌军事地图，驾部司掌军用车马，库部司掌兵械。

秋官司寇主要负责政府司法事务"掌邦禁以佐王刑邦国"，故为"刑官"。诸如审判、刑具、狱政等事务皆由司寇负责。后来的刑部也主要是掌律令、狱政、审判之政。刑部下辖四司，一为刑部司，掌律法；二为都官司，掌囚徒簿录，并供给其衣粮医药；三为比部司，掌统计复核内外赋敛、经费、俸禄、公廨、勋赐、徒役课程、逋欠之物；四为司部司，掌门关出入之籍。

冬官司空主要是负责手工业制造和土木工程方面的事务。后来的工部也是掌山泽、屯田、营建与工匠之政。它下辖四司，一为工部司，掌城池土木的工役程式；二为屯田司，掌天下屯田及京城文武职田；三为虞部司，掌京都衢巷、苑囿、山泽草木及百官、蕃客、时蔬、薪炭供给及畋猎之事；四为水部司，掌津济、船舻、渠梁、堤堰、沟洫、渔捕、漕运、碾硙之事。

综上所述，可知唐代以降的中央吏、户、礼、兵、刑、工六部体制，来源于《周礼》天官、地官、春官、夏官、秋官、冬官六官的设计。

7. 基层组织与保甲制度

中国历史上的保甲之名和保甲制度，正式创立于北宋神宗时王安石的保甲法，但其最初的理论设计则来源于《周礼》。

王安石，字介甫，北宋抚州临川（今江西抚州）人。他为了改变宋初以来积贫积弱的局面，力主进行改革，努力推行"新法"。为此，他别创"新学"，力图使古老的儒家经传焕发出"新意"。他的《三经新义》，包括《毛诗义》《尚书义》《周官新义》，根据"以所观乎今，考所学乎古"（《王文公文集·周礼义序》）的原则编写出来，目的在为"新法"寻找历史依据。他从《周礼》中汲取了不少有用的东西，保甲法就是突出的一例。

《地官·大司徒》云："令五家为比，使之相保；五比为闾，使之相受；四闾为族，使之相葬；五族为党，使之相救；五党为州，使之相赒；五州为乡，使之相宾。"这就是说，把老百姓组织起来，五家为一比，使他们能互相保证信任；五比为一闾，使他们可以互相托付；四闾为一族，使他们能于丧事上相互吊祭；五族为一党，使他们互相帮助；五党为一州，使他们周济州中贫苦不能备办婚丧礼的人；五州为一乡，使他们敬礼乡中有德行才能的人。

《地官·小司徒》云："乃会万民之卒伍而用之。五人为伍，五伍为两，四两为卒，五卒为旅，五旅为师，五师为军，以起军旅，以作田役，以比追胥，以令贡赋。"这就是说，按照军事编制把民众组织起来，以备战时之用。令五人为一伍，五伍为一两，四两为一卒，五卒为一旅，五旅为一师，五师为一军，集结庞大的军队，以完成田猎和徭役。点验职掌追寇与捕贼的各种部队，依据乡中的家数，推行贡赋的政令。

《周礼》中这两种组织编制老百姓的办法，表现了它既想把民户编为保民，又想把民众纳入军事组织，既加强兵政，又保证财政的思想，总之，一句话：军政合一，兵农合一。

王安石汲取了《周礼》军政合一和兵农合一的思想，制定了保甲法。在他执政以前，宋朝军队来源主要依靠实行募兵制。宋太祖时有兵37.8万人，到神宗时已拥兵140万人。巨额兵饷，成为国家的"巨患"，"自来天下财货所入，十中八九赡军"。然而耗费国家大部财力豢养的这支庞大军队，却骄惰懒散，素质低下，一遇外敌，闻风而逃。为了革除募兵制的积弊，提高军队战斗力，充分发挥基层政权的职能作用，强化封建统治，王安石在全面推行政治、经济改革的同时，在神宗的支持下，于熙宁三年（公元1070年）开始实行保甲法。

王安石实行保甲法的主要内容是：第一，组织形式。

十家为一保，选一人为保长。五十家为一大保，选一人为大保长。十大保为一都保，选能力、物力强者二人，担任正、副都保正。每户有二丁以上，选一人为保丁，在保长率领下执行任务。与此同时，一度另设"甲头"，以代替耆老、户长等，催督税收与徭役。第二，保甲职能。主要有二：一是维持治安，"以捕盗贼相保任"。每一大保，逐夜轮差五人，于保内巡逻，遇有盗贼，鸣鼓报警，同保人户即须救援追捕。此外，各保均须按规定由保正和大保长率保丁前往县尉司和巡检司"出入巡警"，确保地方治安。二是进行军事训练。熙宁四年（公元1071年）神宗下诏，令畿内保丁练习武事，不久又将保甲事务改隶兵部。每年冬天十月至次年正月进行集训，训练内容以弓箭骑射为主。第三，奖惩制度。保甲法规定，凡捕捉到盗贼，罪在徒刑以上者，赏钱三千，杖刑以上者赏钱一千。同保内有犯强盗、杀人、放火、强奸、窃盗、掠人、造畜蛊毒等，必须揭发，如果知而不告，依法科罪。凡留居强盗之人三天以上，同保邻人虽不知情，亦科以失察之罪。在军事训练中，保丁按考核成绩予以奖励，保正及有关官吏也视能否尽职予以奖惩。

王安石的保甲法的基本核心是寓兵于农，兵农合一，通过实行保甲制度既革新兵制，扩大民兵队伍，又加强对人民的控制。但由于当时不具备实行这一制度的经济基础，加上在实施中有扰民的缺点,在朝中保守派的激烈反对下,很难得到全面的贯彻和实施。

元、明时期实行类似保甲制度的里甲之制。元代社与里并置,五十家为一社,用汉族地主、乡耆为社长,负责劝农,由蒙古提点官进行监督。同时置里正,掌课税、徭役等事。二十户为一甲,甲有甲主,由蒙古人或色目人担任,甲主的衣食由所属居民供给。明代一百一十户为一里,设里长十人,轮流为首,十年一轮。其余百户编为十甲,每甲有甲长一人。

至清代,统治者在北宋保甲制度和元、明里甲制度的基础上,开始在全国全面实施保甲制度。

首先,保甲组织更趋严密。《嘉庆会典》记载:十家为牌,牌有头。十牌为甲,甲有长。十甲为保,保有正,皆以诚实识字、有身家者充任,限年更换。据此在全国城乡,包括已归流的少数民族边远地区,均编制保甲并按户登记户口,名为"循环册"。各户均发给门牌,悬挂门前。对村镇中行为不轨者,可编入"另册"。满洲旗人则另立户籍进行管理。

其次,保甲制度防范和镇压人民反抗的职能进一步加强。主要表现在:第一,实行连保,稽查奸宄。《户部则例》规定:"各省编查保甲,如有来历不明、形迹可疑者,责令里长、甲长等立时首报。"或由里长、甲长对来人"出具联名互保甘结。倘取保之人曾经作奸犯科，一经查出，将出结之里长等按律连坐"。其稽查内容有盗窃、邪教、邪书、赌博、窝逃、窝娼、奸拐、私铸钱钞、私销私盐等为法律禁止之事。《刑部则例》规定：牌、甲、保长督察盗贼或协助官府捕捉盗贼有功者赏，知有为盗、窝窃之人隐匿不报者罚。第二，宣喻教化，"劝善惩恶"。保甲法规定保、甲长的职责之一是"举善恶"。所谓举善，不外举荐孝子、贤孙、节妇、烈女、义士、勤学之人，由知县以各种形式进行表彰，以明教化；所谓举恶，不外纠举行为不轨、违犯乡规教约之人，分别由官府进行训饬、鞭笞，并于户口簿内注明劣迹，责令其自新。有些地方还编制《保甲章程》，规定保长应对居民进行十禁五劝，十禁是：禁抢盗、禁捉人勒索、禁赌博、禁鸦片、禁斗殴、禁争讼、禁图产争继、禁赛会演戏、禁私宰耕牛、禁习邪教；五劝是：劝敦孝友、劝全节操、劝设蒙童学堂、劝谨善藏米谷、劝警守望盗贼。同时向百姓宣传法律，使人们不敢以身试法。第三，建立武装，镇压"盗匪"。清朝中叶以后，随着阶级矛盾的日益尖锐，清朝统治者遂将保甲与团练相结合，使保甲组织成为建立和发展地方武装的重要形式。刘衡在《庸吏庸言》一书中说："保甲可以清本地之匪徒，团练可以捍外来之宵小。"两者相互结合，实行武装联防，成为对付和镇压农民起义的有力工具。后来曾国藩在地方团练的基础上建立和发展起来的湘军，就是绞杀太平天国的一支重要力量。

《周礼》关于基层组织的设计不仅影响了封建社会的保甲制度，也影响到了近代的地方行政制度。

国民党政府的保甲制度是1932年8月蒋介石在湖北、河南、安徽三省进行"剿共"行动时建立的，并于1934年普遍推行到全国。它是集中了封建的、法西斯统治的基层制度。

保甲的组织以户为单位，十户为一甲，十甲为一保。户设户长，甲设甲长，保设保长。担任保甲长的人员必须忠于蒋介石国民党集团，其中"未满二十岁""非本地土著""有危害民国行为""曾为'赤匪'胁从，虽准悔过自新而尚在察看管束期间"，以及"褫夺公权，尚未复权"的人员不得担任保、甲长。

保长的主要职责：第一，协助区长监督甲长执行任务；第二，教诫住民毋为非法；第三，协助军警搜捕"匪犯"；第四，对曾参加"反动"或受"赤匪"胁从的悔过自新人员进行察看、管束；第五，处罚违犯保甲公约的事情；第六，分配督率保内应办防御工事的设备及建筑；第七，处理怠慢罚金；第八，编制预决算及经费的收支。

甲长的主要职责：第一，协助保长执行任务；第二，清查户口、编制门牌、取具连保连坐切结；第三，检查甲内奸究及稽查出入境人员;第四,协助军警及保长搜捕"匪犯";第五,教诫甲内住民毋为非法等。

保甲制度是蒋介石国民党集团维护统治的工具。依据这种制度,人民不仅要承担诸如修筑碉堡、保护交通设备等种种义务,而且还要各户之间共具"联保连坐"切结,互相监视,一户"犯罪",株连各户。同时强行订立《保甲公约》,勒令协助搜捕共产党人和革命者,向村民灌输反动思想,使其协助抓壮丁等。保甲长形式上是"互推""选举"农村中"公正"的人,实质上大都是乡村中的豪绅、地痞、流氓充任。他们凭借这种政治势力,作威作福,敲诈勒索,强拉壮丁,鱼肉人民,无恶不作,使人民终日生活在恐怖气氛之中。特别是抗日战争后期,国民党中央组织部颁行了《运用保甲组织防止异党活动的办法》,不仅使保甲制度"党化",而且进一步使之"警察化""特务化"和"军事化",在保甲内普遍建立特务"通信网",对保甲长进行政治、军事、警察及特务训练,使警察、保甲、国民兵三者结合一体,查缉、"剿捕"、搜查和侦探革命活动及革命人员,在最基层形成了一道严密的监视网。

由此可见,《周礼》设计的基层组织结构对后来的地方行政制度产生了多么巨大的影响。

过去,笔者注意到了秦汉制度对后世的影响,认为秦始皇统一全国后,在全国范围内废除宗法分封制度,确立以宰相为首的官僚制度和郡县制度,确立事皆决于法的法治指导思想。秦国实行法治政治,是由商鞅建立的。商鞅是李悝的弟子,得其师书,既不用于魏,遂挟法入秦,"商君受之以相秦"。他在秦国建立的法制脱胎于三晋,在三晋制度的基础上加以总结提高。尤其是打击公族、废除宗室贵族分封一项,实是来自春秋时晋国的灭公族,并将之进一步法治化。到秦始皇时,任用法家李斯,完成统一后,又吸收韩非"以法为教,以吏为师"的主张,别黑白而定法治思想于一尊,烧诗书百家语,事皆决于法,法令由一统。法治思想成为指导政治、经济、军事的准则,"普施明法,经纬天下,永为仪则"(《史记·秦始皇本纪》),把法制精神贯彻到各种制度和社会关系之中。汉承秦制,即承袭秦朝专制主义中央集权制度;承袭秦朝的监察制。为加强中央集权,控制地方,汉武帝发展为刺史制度,全国分为十三州,每州置刺史,监察郡国等地方高官。东汉时,刺史地位进一步提高,后成为地方长官,掌军政;承袭秦朝的郡县制。郡守县令的任免权归皇帝;承袭秦的田租、户赋徭役、兵役制,西汉发展为编户制度,以加强对人民的管理和控制。秦汉制度奠定了后世封建制度的基础。通过以上对《周礼》对后世政制影响的分析,可知《周礼》在中国政治法律制度史上的重要地位,是不可低估的。

8. "以族得民"与政权、族权的合一

《周礼·天官》有两处谈到如何治理民众,一是太宰之"八统":"以八统诏王驭万民:一曰亲亲,二曰敬故,三曰进贤,四曰使能,五曰保庸,六曰尊贵,七曰达吏,八曰礼宾。"在这里,体现家族亲爱和睦精神的"亲亲"原则被置于首位。二是太宰之"九两","以九两系邦国之民:一曰牧,以地得民;二曰长,以贵得民;三曰师,以贤得民;四曰儒,以道得民;五曰宗,以族得民;六曰主,以利得民;七曰吏,以治得民;八曰友,以任得民;九曰薮,以富得民。"在这里,《周礼》更明确地提出了"以族得民"的治国原则。

根据这一原则,《周礼》要求人们必须聚族而居,并将宗族作为一级基层政权。《地官·大司徒》规定:"令五家为比,使之相保;五比为闾,使之相受;四闾为族,使之相葬;五族为党,使之相救;五党为州,使之相赒;五州为乡,使之相宾。"人们不仅要聚族而居,而且遇有凶祸,同宗同族都要互相救助;若有家贫不能备办婚丧之礼,同宗同族要出私财以济助之。比、闾、党、州、乡既是不同层次的基层政权,又是不同层次的宗族、家族、家庭组织,政权与族权合一。

《周礼》的这一设计对后世影响很大。历代封建王朝的乡里制度均是以家族为基本单位,汉代有什伍制度,什

主十家,伍主五家,晋朝百户置一里,南朝宋规定五家为伍,二伍为什;北魏初年推行宗主督护制,任命宗族长为宗主,督护百姓;孝文帝时创立三长制,即五家立一邻长,五邻立一里长,五里立一党长;北齐合十家为一邻比,五十家为闾,百家为族党,一党之内有党族一人;隋朝规定,五家为保,五保为闾,四闾为族,各置正或长;唐代以四家为邻,五邻为保,百户为里,五里为乡;宋代王安石变法,规定十户为一保,五保为一大保;明代一百一十户为一里;清代十户立一牌长,十牌立一甲长。因为在中国古代通常都是聚族而居,所以几家几户实际上就是一个家族或宗族的分支,邻长、里长等实际上就是家族长或宗族长。

由于《周礼》的设计和历朝统治者的提倡,中国封建社会的家庭、家族形成了一个一荣俱荣、一损俱损的坚固堡垒。

居处以族。在中国古代社会,人们常常是聚族而居。如《通典》卷三引宋孝王《关东风俗传》云:"瀛冀诸刘,清河张、宋,并州王氏,濮阳侯族,诸如此辈,一宗近将万室,烟火连接,比屋而居。"晋代氾稚春七世同居;魏杨播同财共居男女百口;博陵李氏七世同居,家有二十二房,一百八十九人;唐代刘君良累代同居,"其家六院唯一祠";宋代江州陈氏南唐时已聚族七百口,宋时至千,其后增至三千七百余人。至近代不少乡村仍是一族一村,聚族而居。据陈翰笙调查："广东农民聚族而居的至少在全体农民百分之八十以上。潮安境内的农村几乎有一半都是一姓所居；一村中非一姓者，亦多分段聚族而居。在惠阳，过半数的村庄，都是被一姓独占的"（《广东农村生产关系与生产力》，中山文化教育馆1934年版，第18页）。

生产以族。如《光绪嘉应州志》卷8载："乡中农忙时，皆通力合作，插莳收割，皆妇幼为之，惟聚族而居，故无畛域之见，有友助之美。无事则看爨，有事则合食。"《长沙檀山陈氏族约》规定，春耕、夏锄、收获之际，人力不足者众助之。这种宗族内家族间生产协作直到新中国成立前夕仍然存在，如人力互换，陕北、晋北称为"变工"，冀西称为"拨工"，华东各地称为"调工""伴工""打伙"，湖北称为"拨工"，湖南则称为"对工"。

祭祀以族。《礼记大传》载："是故人道亲亲也，亲亲故尊祖，尊祖故敬宗，敬宗故收族。"尊祖，即包含祭祀祖先的内容。宗族首领一般有宗子与族长之分，宗子掌管全族祭祀，往往由族中嫡长子孙代代相承。祭田是族产的重要组成部分，专门用来祭祀祖先。

军兴以族。两晋之际，祖逖率族南迁，他一路上扶老携幼，与族人同甘共苦，使全族安抵南方，后来成为北伐的骨干力量。此外，以某个家族为中心而组成的"家兵家将"，在保家卫国的战争中往往发挥十分强大的威力，如岳家军、戚家军、杨家将等,以至于有"撼山易,撼岳家军难"之语。

械斗以族。《揽梁氏族谱·族规》载:"外人如有恃势欺凌及棍徒行凶坑陷者,须协力理处。"《江阴六氏宗谱·宗规》载:"族中有外侮、争端,坐视不援助,反挑唆外人构讼者,通族共同议罚。"

教化以族。中国古代有许许多多的家训与家范。它们是用来对宗族成员进行勉励和教化的。家长、族长十分重视向家人、族人灌输家训与家范,如《广东新语》载:"族长朔望读祖训于祠。"蒋伊《蒋氏家训》载:"每月朔望,子弟剥衣冠先谒家庙,行四拜礼,读家训。"杨继盛《椒山遗嘱》载:"每月初一、十五,合家大小灵前拜祭了,把这手卷从头至尾念一遍,合家听着,虽有紧要事也休废。"

惩戒以族。中国古代既有国法,还有家法,祠堂常常又是执行家法的场所。如《霍渭崖家训》规定:"子侄有过,俱于朔望告于祠堂,鸣鼓罚罪。初犯责十板,再犯责廿,三犯卅。"《义门陈氏大同宗谱》规定:"合族中设有以卑凌尊,以下犯上,甚至辱骂殴斗、恃暴横行者,须当投明族长及各房宗正,在祠堂责罚示戒。"某些大家族或宗族为了配合家法的执行,常常置办各种刑具,除了棍、鞭等常见的刑具外,有些刑具触目惊心,如四川大邑的刘氏宗族直到近现代还保留有装满尖刀和铁刺的铁笼,新中国成立前便是将触犯家法的族人装进铁笼浸入水牢。

丧葬以族。中国古代一方面是居处以族，另一方面则是丧葬以族。因此，典型的宗族一般都拥有族墓地，迄今这一风俗仍在不少地区流行。

可以说，中国传统文化的主要特色就在于其是一种家庭、家族文化。因此，中国的重要历史事变几乎都是从家庭、家族文化的变革开始的。五四新文化运动肇始于宣传个性解放、婚姻自由，是从家庭文化变革做起的；20世纪80年代中国的改革开放事业亦是从农村实行家庭联产承包责任制开始的，因此，从某种意义上来说，中国的改革事业是从家庭做起的，接着在城市（亦包括乡村）又产生了以家庭为单位的个体工商户。家庭、家族在改革开放中发挥了重要作用，这是中国改革开放的一大特色。

著名的"温州模式"就是利用家庭的凝聚力发展工业和农业的一个典型。"温州模式"由下列三个主要部分组成：第一，十万大军的推销队伍。第二，依托集镇的专业与综合市场。第三，家庭和联户工业。其基本特点是从流通开始，逐步把家庭工业带动起来。家庭工业是"温州模式"的主要组成部分，它由三种形式构成，一是家庭个体经营，二是联户经营，三是大户经营。这三种形式在经济组织结构方面都没有摆脱家族血缘关系的形式。

就家庭模式来说，中国与西欧在早期皆存在注重血缘的倾向。但随着历史的发展，中西方呈现出重大差异。古代希腊、罗马通过提修斯、梭伦、克利斯梯尼等一系列改革，基本上冲破了血缘关系的束缚，废除了家族血缘制度，因此，作为血缘团体的家庭对于作为政治实体的国家的影响可谓无关大局。而中国历史上虽也出现过一系列重要改革，但都最终未能冲破血缘关系的罗网，血缘关系或家庭观念作为中国传统文化深层结构要素之一，它不仅能够抵御各种变革的冲击，而且有时不受社会形态变迁的影响。因此，作为血缘团体的家庭与作为政治实体的国家之间存在着一种密不可分的特殊关系。

就社会和国家的模式来说，中国是以家庭为中心，而西欧除古代罗马帝国以家庭为中心外，多以个人或其他团体（如宗教团体、国家团体等）为中心。特别值得注意的是，中国以家庭为中心的社会或国家模式相对稳定地延续了几千年，它既不因外族的多次入侵而中断，也不因佛教的巨大冲击而改变。这与曾以家庭为中心的罗马帝国在日耳曼族和基督教的双重压力下趋于崩溃的情况迥然不同。西方传统社会的组织模式是个人与社会分离，甚至对立并此起彼伏的"翘翘板式"，而中国传统社会的组织模式是从"修身""齐家"小圈扩展到"治国""平天下"大圈的"同心圆式"。中西方社会组织之所以出现这种不同，主要是家庭方面的差异所致。

中国经历了几千年的宗法社会，宗族观念历久不衰。孙中山也曾慨叹："中国人最崇拜的是家族主义和宗族主义，所以中国人只有家族主义和宗族主义，没有国族主义。"毛泽东分析封建宗法制度时指出，族权（"宗祠、支祠乃至家长的家族系统"）为束缚人民特别是农民的四大绳索之一。

当然，家庭血缘关系是一种客观存在的自然社会关系，谁也无法人为地抹掉它。像康有为那样从佛法推衍出来的"毁家"的思想不过是一种空想。不独中国，就是在西方信仰天主教的意大利、爱尔兰等国家，家庭血缘关系也被社会所重视，人们认为这种关系是天主安排的。据法国全国统计及经济部门的调查，今天法国的家庭也已扩大到祖父及继祖父母，三代同堂的家庭增多了，几代人之间通过金钱、服务、假期等构成多种联系。但是，在这些西方国家，并没有像我国农村中那种封建性的宗族势力和宗法关系。

如何改造封建家族传统，20世纪以来许多人进行了不懈的努力。其方法大体上可分为三种：一是教育启蒙，如梁漱溟的"乡村建设运动"；二是制订村规民约，从制度上约束家族的一些不正当活动；三是发展市场经济，把家族纳入市场经济的轨道上，如"温州模式"。

历史已经表明，梁漱溟的乡村建设道路是一条死胡同。制订村规民约是近几年精神文明建设中出现的一种方式。

我们认为，如果不从经济基础上开刀，不除去封建家族赖以生存的小农经济土壤，那么，制订再先进的村规民约也只能是徒具形式，因为它没有市场经济作根基，属于无源之水，不会化为村民的内心自觉。因此只有把家族纳入市场经济的轨道，用市场经济冲淡过去被不恰当强化的宗法血缘关系，在家庭关系中，注进权利与义务相一致的法律观念，才能使旧家族脱胎换骨。

上面我们从八个方面论述了《周礼》对古代政治体制的影响，而贯穿其中的基本精神是"君主民本"。首先是突出君权的尊贵，赋予君主人事任免权、政令立法权、行政管理权、司法裁判权、宗教祭祀权、军事指挥权等，为了达到这一目的，则以内朝牵制外朝，对不同地区采取不同程度的控制政策，以收轻重相维之效。

但《周礼》的作者似乎也考虑到了君权过重容易为所欲为的问题，因此在尊崇君权的前提下，同时要求君主树立"民为邦本,本固邦宁"的观念。为了达到这一目的,《周礼》规定了在"国危""国迁""立君"等问题上，要征询万民的意见；在人事问题上，要重视任用贤能；在对待民众问题上，要富民、教民；在君主的道德修养问题上,《周礼》设立专职批评君主的不当言行。

《周礼》这种既尊崇君权，又防范君权越轨的思想，对封建社会政治体制的设立、运作产生了很大的影响。从尊崇君权的目的出发，封建社会的皇权被抬到了不可分割、不可转让、不可更改、至高无上的地步，尊君卑臣始终是国家政权机构的组织原则。但从防范君权越轨的目的出发，封建统治者又建立了谏议封驳制度，允许谏官和大臣对皇帝"献可替否"，匡正违失。所谓"献可"，就是围绕国家大事，向皇帝献计献策；"替否"，就是对皇帝所做出的决定，可以提出不同看法，尤其是皇帝未经咨询而交办的重大事项，如认为不妥，有责任加以谏阻。但效果究竟如何，取决于皇帝个人的品质。

谏议封驳制度的理论依据是"民本"观念，它与"君为臣纲"的君主思想相辅相成，构成了中国特色的君主民本式的政治结构，它既不同于西欧中世纪的贵族君主制、等级君主制，亦不同于中世纪阿拉伯国家的政教合一的君主制，它是一种用法律的力量肯定皇权，同时又用道德的力量约束皇权的政治结构。

四 一张由情、理、法编织的法网
——《周礼》与中国法律文化

我国自公元前21世纪夏朝奴隶制国家形成至今,已有四千多年未曾中断过的历史。作为社会文明一项重要内容的我国古代法律制度,自与夏王朝相伴而生以来,虽然屡经变革和演进,但由于社会经济、政治和文化历史的原因,很少受到外来因素的影响,前后陈陈相因,连绵不断,具有十分清晰的沿革关系和内在的"一以贯之"的精神,可谓历史悠久,源远流长,形成特点鲜明、独树一帜的中华法系,列入世界五大法系(中华法系、印度法系、阿拉伯法系、大陆法系、英美法系)之林,在东亚一带的国家中极具影响。

中华法系(中国古代法律文化)内涵相当丰富,在立法上皇权至上,法自君出;在法典内容上寓礼于法,礼法结合；在结构上是诸法合体，以刑为主；在司法上，行政、司法合一，司法受行政支配。中华法系在外延上与传统的伦理道德、天人合一的哲学观念不断相互渗透和融合，形成了中国古代法融"天理、人情、国法"于一体的基本特征。"情、理、法兼顾"或"合情、合理、合法"，这两种常用语表达了一个十足的古代中国式的观念：情、理、法三者结合起来，通盘考虑，协调发展，消除冲突，达到和谐，如此方为理想的、真正的法律，才能作为我们判断人们的行为是非善恶、应否承担法律责任的根本依据。这两种常用语的词序也很令人玩味：情、理、法三概念的前后顺序排列并非偶然，而是体现了中国人对情、理、法三者轻重关系的认识。也就是说，在中国人看来，"合情"是最重要的，"合理"次之，"合法"更次。

《周礼》对中国古代天理、人情、国法三位一体法律文化的形成，具有极其重要的影响。

在《周礼》看来，法体现着天理，它来自天理或天道。这种观念在《周礼》之前已经出现。如《尚书·皋陶谟》说："天叙有典，敕我五典五惇哉……天命有德，五服五章哉；天讨有罪，五刑五用哉！"这是说，人间的法律制度出自天命、天意。既然如此，那么法律就应遵从天命，仿效自然规律，执行"天罚"。《左传》襄公二十六年载："古之治民者，劝赏而畏刑，恤民不倦。赏以春夏，刑以秋冬。"《礼记·月令》中亦有"仲春之月……毋肆掠,止狱讼(春季不要审讯犯人,不要审理案件)",以及孟秋之月,命有司"缮囹圄(命令有关官员修理好监狱),具桎梏(准备好刑具)"的记载。在古人看来,春季气候温和,草木萌生,夏季炎热,万物茂盛,最适宜举行气氛热烈的赏庆之类的活动;而秋季天气转凉,有肃杀之气,冬季寒冷,万物隐蔽蓄藏,正是施行刑罚、审判犯人、整顿监狱的好时机。这种庆赏、刑罚要和天意(自然时令即其主要表现形式)相一致的观念,在《周礼》六官序列中得到了充分的体现。

天为阳,地为阴,阳支配阴,因此《周礼》天官居首,地官居其次;春夏为阳,秋冬为阴,因此《周礼》地官之后,依次为春官、夏官、秋官、冬官。"赏以春夏,刑以秋冬",所以《周礼》以刑官司寇掌邦禁、佐王政,而名之为秋官,绝非偶然,正是取秋天肃杀之意。这种安排充分表现了《周礼》关于法律要遵从天理、仿效自然的思想。

在《周礼》看来,法不仅要服从天理,还要顺乎人情。也就是说,法律不仅要让人们感到它如同秋天那样残酷无情,还要让人们感到它具有如同人之常情那样和蔼可亲的特点。那么,人情的内容是什么呢?清代学者叶时在《礼经会元》中做了很好的论述:"详观司寇数官,大抵恤刑之意多而用刑之意少,施刑之语略而免刑之语详。……其设官分职之意,盖以刑禁民,而非以刑刑民也。虽然,禁民以刑者,固可遏其恶于未萌,导民以教者,斯足以格其非于无过。"总之,《周礼》主张以教立国、德主刑辅、明德慎罚、明刑弼教,反对不教而诛、滥施刑罚。这就是法要顺乎人情的含义。

根据天理、人情的要求,《周礼》设计了一系列立法、司法原则,这些原则体现了人情、天理、国法相和谐的精神,对后来的法律文化传统的形成,产生了重要的影响。

1. 富民、教民和刑罚相结合

《周礼·地官》集中论述了富民、教民与刑罚相结合的思想。它在规定大司徒职责时,先后提到了下列几项内容。

给每家每户分配土地和救济灾民

原文是这样的:"凡造都鄙,制其地域而封沟之,以其室数制之。不易之地,家百亩;一易之地,家二百亩;再易之地,家三百亩。乃分地职,奠地守,制地贡,而颁职事焉。"意思是,凡设立都鄙,先划定区域,在边界挖沟堆土植树,按照规定的户数,加以调整,土质肥美、年年可以耕种的上等土地,每家分配一百亩;次等的耕种一年、轮休一年的土地,每家分配二百亩;再次等的耕种一年、轮休两年的土地,每家分配三百亩。分别授予从事土地生产工作的职业,规定地政官员的职守,制定从事生产所得的税率，使人民各自努力从事职分内的工作。

在遇到灾荒年时，大司徒要"以荒政十有二聚万民。一曰散利，二曰薄征，三曰缓刑，四曰弛力，五曰舍禁，六曰去几，七曰眚礼，八曰杀哀，九曰蕃乐，十曰多昏，十有一曰索鬼神，十有二曰除盗贼"。意思是，大司徒要以十二项荒年救济政策使人民聚集而不离散。第一项是贷给人民谷种和粮食；第二项是减轻各种租税；第三项是宽缓刑罚；第四项是免除官府徭役；第五项是开放关市山泽的禁令；第六项是免除对市场货物的稽查；第七项是简化祭祀鬼神的礼节仪式；第八项是简化丧葬礼节仪式；第九项是收藏乐器不奏；第十项是简化婚娶礼节仪式，增加人民结婚的机会；第十一项是修复旧有而已废的祭祀；第十二项是铲除盗贼，保持良好的社会秩序。

通过给每家每户分配土地和在灾荒年救济民众，使老百姓免于饥饿而过上丰衣足食的生活，此即《周礼》关于"富民"的设计。

用道德、礼仪和生产技术教育民众

用生产技术教育民众：大司徒要"颁职事十有二于邦国都鄙，使以登万民。一曰稼穑，二曰树艺，三曰作材，四曰阜蕃，五曰饬材，六曰通财，七曰化材，八曰敛材，九曰生材，十曰学艺，十有一曰世事，十有二曰服事。"意思是，大司徒要把十二种职业技术向全国颁布，并辅导人民掌握。第一种是种谷技术；第二种是种植果木蔬菜技术；第三种是采集山泽材物技术；第四种是养殖鸟兽的技术；第五种是雕琢或镶制金石珠玉的技术；第六种是贩卖货物的技巧；第七种是化治丝麻的技术；第八种是采取果木果实的技术；第九种是受雇于农工商贾从事各种生产的技术；第十种是掌握道德文艺的方法；第十一种是从事累世相传的专业技术；第十二种是替官府服务的技巧。

用礼节仪式等教育民众：一曰以祀礼教敬，则民不苟；二曰以阳礼教让，则民不争；三曰以阴礼教亲，则民不怨；四曰以乐礼教和，则民不乖；五曰以仪辨等，则民不越；六曰以俗教安，则民不偷；七曰以刑教中，则民不虣（暴）；八曰以誓教恤，则民不怠；九曰以度教节，则民知足；十曰以世事教能，则民不失职；十有一曰以贤制爵，则民慎德；十有二曰以庸制禄，则民兴功。意思是，大司徒要实行十二种教法：第一是以祭祀礼仪教民尊敬；第二是以乡射饮酒等礼仪教民谦让；第三是以婚娶礼仪教民亲爱；第四是以乐礼教民和睦；第五是以礼仪辨别尊卑上下的等级；第六是以善良的习俗教民安居；第七是以刑罚教民中正；第八是以誓戒教民敬慎；第九是以制度教民节制；第十是以累世相传的技艺教民充实技能；第十一是按照贤行颁予爵位，教民崇尚德行；第十二是按照功绩颁予俸禄，教民建功立业。

用道德和知识教育民众："一曰六德：知（智）、仁、圣、义、忠、和；二曰六行：孝、友、睦、姻、任、恤；三曰六艺：礼、乐、射、御、书、数。意思是，大司徒要以乡学的三种教法来教化万民。第一种教法是六德，那就是知（智）、仁、圣、义、忠、和；第二种教法是六行，那就是孝、友、睦、姻（亲戚相亲相爱）、任（使朋友信任）、恤（对贫苦人怜悯救济）；第三种教法是六艺，那就是礼、乐、射、御、书、数。

这些就是《周礼》关于"教民"的设计。值得注意的是，它不仅仅是些空洞的道德说教，还包括了工艺技术教育，这就使富民和教民密切结合起来了。

以刑罚辅助道德、教化的推行

在道德、教化失效之后，大司徒就必须以"八刑纠万民"：一曰不孝之刑；二曰不睦之刑；三曰不姻之刑，四曰不弟之刑，五曰不任之刑，六曰不恤之刑，七曰造言之刑，八曰乱民之刑。以五礼防万民之伪而教之中。以六乐防万民之情而教之和。凡万民之不服教而有狱讼者，与有地治者听而断之，其附于刑者，归于士。意思是，大司徒要以适用于乡中的八种刑罚纠察万民，第一是对尊亲不孝的刑罚；第二是对族人不睦的刑罚；第三是对亲戚不姻的刑罚；第四是对师长不敬的刑罚；第五是对朋友无信的刑罚；第六是对贫苦的人不予怜悯救济的刑罚；第七是对造谣惑众的刑罚；第八是对乱民的刑罚。

此外，大司徒还要以五礼（吉、凶、宾、军、嘉五种礼节仪式）防止人民诈伪，教导他们事事都能中正合礼，以六乐（云门、咸池、大韶、大夏、大濩、大武六种乐舞）节制人民的情欲，教导他们心地平和。凡人民有不服教化而争讼的，大司徒要会同当地的司法长官审讯判决。但罪属于墨、劓、刖、宫、杀五刑，那就必须移转给司寇、士师等司法官去审理。

值得注意的是，各种刑罚是辅助孝、友、睦、姻、任、恤六种道德范畴的工具，就是说，此六种道德范畴既是大司徒对民众进行教化的项目，又是刑罚着力保护的内容。道德刑法化，刑法道德化，由此而形成了中国人的一种重要的法律思维方式，即泛道德主义和泛刑主义相结合。关于这一思维方式对中国的法治建设产生了何种影响，后面将有详论。

富民、教民和刑罚相结合的法律价值观念是中国古代法律文化的重要特色。它形成了中国古代社会治安综合治理理论的核心内容，主要可以概括为两个方面：第一，强调用礼的等级规范和道德规范来教育与约束人们。西汉儒生贾谊在其著名的《治安策》中说："礼云者，贵绝恶于未萌，而起教于微眇，使民日迁善远罪而不自知也。"礼的妙用就在于当犯罪尚未萌发时，就加以预防，并且时刻从微小的事情上对人民进行教育,使他们在不知不觉中接受熏陶,趋善弃恶。第二,强调发展农业经济,保障人民的衣食住行。古人认为,如果人们能够免除饥寒之虞,自然就想不到去偷窃、抢劫了,这即从经济生活方面铲除滋生犯罪的土壤。

因此,"礼教"与"富民"相结合,是中国古代社会治安综合治理理论的精髓。其特点是强调预防为主、综合治理。北宋经学家刘敞对综合治理的必要性做了比较全面的论述,他说:"衣食不足,盗之源也;政赋不均,盗之源也;教化不清,盗之源也。一源慢,则探囊发箧而为盗矣;二源慢,则执兵刃劫良民而盗矣;三源慢,则攻城邑略百姓而为盗矣。"根据这种认识,他提出,加强社会治安综合治理,则能够起到预防犯罪的积极作用,即"丰世无盗者,足也;治世无贼者,均也;化世无乱者,顺也"。如果一味地采取严刑峻法,只能是愈治愈乱,即所谓"不务衣食而务无盗,是止水而不塞源也;不务化盗而务禁盗,是纵焚而救以升龠也"(《公是集》卷四十《患盗论》)。西汉正式确立了"德主刑辅"的治国原则,《唐律疏议》更进一步表述为"德礼为政教之本,刑罚为政教之用"。富民、教民与刑罚相结合,成为历朝奉行的治国指导思想。

"富民""教民"和"刑罚"相结合的古代社会治安综合治理的思想,在当代中国的社会治安管理中得到了创造性运用,发挥了积极的作用。1979年冬和1981年夏,党中央两次召开城市治安会议，提出了对社会治安实行综合治理的方针，其内容是：在各级党委和政府的统一领导下，大力加强政法机关人民民主专政的职能，坚决依法严惩严重破坏社会治安的犯罪分子，严格治安管理，充分动员和组织社会各方面的力量，运用政治、经济、思想、文化、教育、行政等各种手段，加强工作，相互配合，打击犯罪，改造罪犯，争取、挽救和教育失足者，维护安定的社会秩序。这一方针的最大特点是，在社会治安的治理方法和手段上，提出了"综合"的科学观念。一方面，要求加强政法部门的专政职能，善于运用法律武器，逐步采取现代化先进的预防、侦破技术手段，提高破案率，保证办案质量，及时有力地揭露和惩治犯罪；另一方面，要求综合运用思想的、政治的、经济的、教育的、文化的和行政的各种手段，加强工作，互相配合，特别是加强社会主义精神文明建设，树立良好的社会主义道德风尚，努力消除社会生活中各种违法犯罪现象。

显而易见，当代社会治安综合治理方针的"综合"特色与古代社会治安思想，在形式上相当契合，是传统在当代的一种创造性转换。

2. 泛道德主义与泛刑主义相结合

前面说过，《周礼·地官》把道德法律化、法律道德化，形成了一种泛道德主义和泛刑主义相结合的法律思维方式。所谓泛道德主义，就是将道德意识越位扩张，侵犯到其他文化领域（如文学、政治、法律、经济），去做它们的主人，而强迫其他文化领域的本性，降于次要又次要的地位，终极目的是要把各种文化的表现，统变为服役于道德，变成表达道德的工具。中国过去因为道德意识太强，它弥漫在传统文化的各个方面，使各方面的思想与制度始终处于道德奴婢的地位，缺乏健全的发展。结果，不但使各领域的文化个性遭受严重压抑，即使道德本身，亦因越位的关系，一方面企图以道德垄断一切，竭力作虚妄的扩伸；另一方面事实上只能封闭在甚至可以说僵化在个体上，而没有一条落实的途径，使个体的道德精神通向广大层面去。这是传统文化缺陷最深的根源所在。

道德的特点是自律，强调人在社会关系中要注意恪尽职守、承担义务。而刑法则大多是规定人们必须做出某种行为或不得做出某种行为、承担义务的法律规范。因此，中国古代在立法技术方面，与泛道德主义思维方式相对应的，便是泛刑主义。所谓泛刑主义，就是说在所有的社会关系经道德规范调整失效后，便用刑事法律规范来调整，而排挤民事和行政法律规范的调整作用。用儒家的话来说，就是"德主刑辅""明刑弼教"；用今天的话来说，就是泛道德主义与泛刑主义相结合。

《周礼》所体现的泛道德主义与泛刑主义相结合的立法指导思想,在古代法典中得到了充分的体现。《唐律疏议》开宗明义说:"德礼为政教之本,刑罚为政教之用。"该法典卷二十六"不应得为"条规定:"诸不应得为而为之者,笞四十(谓律令无条,理不可为者)。事理重者,杖八十。"此处的"理",事实上指封建伦理道德。这就是说,凡是不合乎封建伦理道德的行为,不管刑法典上有无明文规定,法官均可处以行为者笞刑或杖刑。泛道德主义与泛刑主义就是这样被封建法典天衣无缝地结合起来的。

这种结合的后果,便是重刑轻民,使民事法律规范长期处于不发达的状态。民法大多是权利性法律规范,与刑法调整社会关系的角度不同。过分重视刑法,必然忽视民法。中国古代重刑轻民带来了两个后果:第一,独立的民事法典始终没有产生,一部分民事内容的规范被融合在刑律之中,采用刑事制裁的方法;一部分民事法律规范夹杂在刑法典之中。第二,在少量的民事法律规范中,注重用宗法伦理调解民事纠纷,重点保障的不是人们的权利,而是要求人们尽义务,一项义务往往具有法律和道德双重意义,如"善事父母"、买卖不得相欺罔、见火起应告救等。

由泛道德主义和泛刑主义相结合而产生的重刑轻民观念迄今仍在一定程度上影响着我国的民事立法工作的广泛开展。同其他国家的民事法规相比,《中华人民共和国民法典》施行前，我国的民事法规极其简单，条文也极少。以民法为例，《法国民法典》为2 281条，《德国民法典》为2 385条，《日本民法典》为1 044条，《苏俄民法典》为369条，而我国《民法典》制定前的1986年开始施行的《民法通则》仅有156条。其他的民事法规条文更少，如《专利法》69条;《经济合同法》57条，《商标法》43条，《破产法》43条，《婚姻法》37条，《继承法》37条。⑥

在当今中国人的法律观念中，重刑轻民的例子很多。比如，长期以来，不少人把法律仅仅解释为阶级斗争的刀把子；许多民众把法院仅仅视为抓坏人、对坏人判刑的地方，因而以长年累月不进法院打官司为自豪；司法机关的习惯排列顺序是公、检、法。公安局是所谓对敌斗争的第一线，检察院是第二线，法院是第三线，完全是按照刑法观念排列的；迄今，在相当多人的头脑中，仍然认为法律就是刑法，法律就是针对坏人的。

因此，由泛道德主义与泛刑主义相结合而产生的重刑轻民观念，一是阻碍着我国民事立法工作的开展，二是妨碍着我国民事法律的实施。

---

⑥指1998年之前的法律法规。

3. 以史为师和以法为教

《周礼》一书中，国家的种种政令制度，政府各部门和各级行政机构对民众的各项规定和要求等，都是通过"法"来体现的。因此，每年正月之吉，太宰、大司徒、大司马、大司寇等分别悬挂治象、教象、政象、刑象之法于象魏，象魏是天子或诸侯宫殿外朝门的门阙，两旁各一，筑土为台，若今之城楼，因可观望，又称"双观"。官员们不仅把法悬挂在象魏上，同时还要向老百姓们读法。《周礼·地官》规定：

> 大司徒之职，……正月之吉，……乃县（悬）教象之法于象魏，使万民观教象。
>
> 乡大夫之职，……正月之吉，受教法于司徒，退而颁之于其乡吏，使各以教其所治。
>
> 州长，……正月之吉,各属其州之民而读法。……正岁，则读教法如初。
>
> 党正，及四时之孟月吉日，则属民而读邦法以纠戒之。……正岁，属民读法。
>
> 族师，……月吉，则属民而读邦法。
>
> 闾胥……凡春、秋之祭祀、役政、丧纪之数，聚众庶。
>
> 既比，则读法。

大司徒悬法和乡大夫颁法之后，州长一年必须向人民读法两次，党正一年读法五次，族师一年读法十二次，闾胥每逢集会的时候就读法。《周礼》六乡官员中，官尊者属民读法次数稀，官卑者属民读法次数密，全年读法至少在四十次以上，平均每月不少于三次。这分明是以法为教，以吏为师。

后来的朝代继承了《周礼》宣传普及法律的传统，在新的法律制定出来以后，立即公布于众，以扩大影响。西晋武帝年间出于预防犯罪的考虑，在《晋律》制定后，应侍中卢班等人上请，下令"抄新律死罪条目，悬之亭，传以示民"（《资治通鉴》卷七九）。与此同时，晋武帝"亲自临讲，使裴楷执读"（《晋书·刑法志》）。皇帝下令张贴新律，并亲临讲解新律的做法，充分发挥了法律宣传的作用。

明太祖朱元璋在推行"重典治国"的政策时，尤为重视法律的宣传普及工作。他在洪武三十年（公元1397年）下令，将制成的《大明律诰》"刊布中外"，使"天下知所遵守"（《明史·刑法志》）。次年，又将御制《大诰》定为科举考试内容，使塾师在各乡宣讲，节日期间让官吏在节日期间人口稠密的场所讲授，以至于当年"天下有讲读《大诰》师生来朝者"多达十九万余人（《明史·刑法志》）。朱元璋还命令司法官员把刑律中与人民直接相关的内容，用口诀式写成《律令直解》，发至全国，向全民宣传。清朝统治者为了使《大清律例》得到实施，专门拟定了《大清律集解附例》，并命令无论在城市还是乡村，都必须"时为解说"，还在各地设立讲约处，做到"明白讲解，家喻户晓"，以至于人民皆"知畏法而重自爱"。

综观我国古代的法制宣传，主要具有以下特点：

第一，官吏有宣传法制的义务。我国古代的地方行政机关与司法机关合一，行政长官就是司法官，他们不仅须知法，而且还有宣传法制的义务。《大明律·吏律》的"讲读律令"条规定："凡国家律令，参酌事情轻重，定立罪名，颁行天下，永为遵守。"官吏不仅自己"务要熟读"，还要向百姓"讲明律意"。他们不只是行政官、司法官，还是法制宣传者。

第二，法律宣传的形式多样化。一是张贴告示，即通过公布法律内容来宣传法制。这是一种经常被采用的方法。二是讲读律文，即通过讲读法律内容来宣传法制。明代规定要"宣读"《大诰》，采用的就是这一方法。三是印册发行，即通过印发法律读本来宣传法制。这是在宋代广泛使用印刷术后采用的方法。明代的《律令直解》和《大诰》清代的《大清律集解附例》等都曾大量印发。

显而易见，后来的法制宣传（以法为教，以吏为师）的大部分规定与做法，来源于《周礼》的理论设计。这表明，中国法律文化是德刑并重的，正如汉宣帝所说的"霸（刑名法术）王（道德教化）道杂之"，从未纯任"德治"。列宁曾说，剥削阶级的国家都具有两种职能：一是牧师教化的职能，一是刽子手镇压的职能。所谓"德刑关系"或"礼刑关系"问题，实际上就是国家在不同的历史时期应该主要扮演什么角色、摆出一副什么面孔的问题：是牧师，还是刽子手？从表面上看，中国封建社会的统治者都喜欢把自己打扮成牧师模样，但从史实来看，封建统治者大都不讲什么慈悲仁爱，杀起人来残酷无情。

在中国法律文化中，仁爱与残忍是并存不悖的。因此，古人把人分成两类，一是君子，二是小人。君子是道德高尚的人，小人则是寡廉鲜耻的禽兽。所以每一个人都面临着要在君子与小人（或者说是人与禽兽）之间做一抉择：要么做君子，要么做小人；要么做一个人，要么沦为禽兽。中国古代的立法者是按照君子的标准立法的，因此制定出的条文常常带有理想化的色彩，非一般常人所能做到。为了维护理想化的法律，立法者就制定严厉的刑罚制裁那些不能达到法律要求的小人（"禽兽"）。对"禽兽"当然要威之以猛了，所以中国古代的统治者经常露出刽子手的面孔。明白了这一点，我们也就理解了历代王朝何以那样重视法制宣传了。

4. 官制法与行政法

《周礼》确立了以六典设六官的国家职官制度和编制体制，尽管它不是一部法典，而是一部理论著作，但对后来的以职官为纲目，以吏、户礼、兵、刑、工六部为核心的官制法典的问世，产生了重要影响。

《唐六典》是我国历史上第一部封建国家官制法。所谓六典,是最初按照唐玄宗的手诏,仿效《周礼·天官》"大宰之职,掌建邦之六典",而定治典（天官）、教典（地官）、礼典（春官）、政典（夏官）、刑典（秋官）、事典（冬官）六典之体例，"令以类相从，撰录以进"。

元代的《元典章》是仿照《唐六典》编纂体例的一部官制法典。"其纲凡十,曰诏令,曰圣政,曰朝纲,曰台纲,曰吏部,曰户部,曰礼部,曰兵部,曰刑部,曰工部。"把《唐六典》中的六典改成吏、户、礼、兵、刑、工六部。

明代的《明会典》体例亦以六部为纲,大体上袭用了《元典章》的体例。《清会典》又仿效了《明会典》"以官统事""以事隶官"的体例。因此，中国的官制法典以《周礼》为原型，经过《唐六典》《元典章》《明会典》而到《清会典》，体例完整，沿革清晰，在世界立法史上独具特色。

但诸如《唐六典》之类的官制法典与近代行政法是大不相同的，有鉴于此，我们不像时下流行的一些论著那样，把《唐六典》《明会典》等叫作行政法典。

那么,中国古代的官制法与现代行政法有哪些不同呢?

第一,中国古代官制法是行政主体对内部行政事务进行管理的法律规范,或者说是内部行政行为的法律规范,而现代行政法不仅仅是(或者说主要不是)内部行政行为的法律规范,更主要的是外部行政行为的法律规范。

在行政法学上,根据行政行为的效力是否只发生在行政主体内部,可将行政行为分为内部行为和外部行为,内部行为是行政主体对内部行政事务进行管理的行为。其特点是:作为行政主体施行行为的对象,与行政主体有隶属关系。例如,上级行政机关对下级行政机关发布指令、命令;行政机关对工作人员的奖惩,等等。外部行为亦称公共行政行为,是行政主体依据管辖权对社会事务进行管理的行为。中国古代官制法调整的主要内容有:(1)关于中央和地方各类机关的设置、职权、责任、工作程序及其相互关系。(2)文书制定的方式和责任。(3)官吏的铨选、任免、职责、品位、考核、奖惩、俸禄及休致等。(4)田赋、户籍、征榷、市籴、库藏管理等。(5)官营手工业、商业的行政管理。(6)科技、教育的行政管理。(7)宗教及寺院的管理。(8)少数民族事务的管理。除第四项涉及一部分公共行政行为外,其他大都局限于内部行政行为。《周礼》确立了以六典设六官的国家官制法编纂体例，《唐六典》遵循这一模式，名曰"六典"，实则结合唐代国家行政机构设置的实际，以三师、三公、三省、六部、九寺、五监、十二卫、东宫、都督府、州、县等职官为纲目，明定其职掌权限、人员编制、官吏选拔、任用品级、俸禄、考核、奖惩、退休等。《元典章》进而以六部（吏、户、礼、兵、刑、工）为纲，开创了明、清律例按六部分类的体例。所以，我国古代的官制法规定的基本上都是内部行政行为。

而现代行政法更主要的是设置外部行政行为规范，其目的是防止和防范行政权对公民利益的侵犯，保障公民和法人正常的社会生活条件。

第二，中国古代官制法以维护王权为宗旨，没有行政救济和行政诉讼的概念，而现代行政法以保障公民权利和利益为宗旨，因而建立了体现这一宗旨的行政救济和行政诉讼制度。

我国古代官制法的一个突出特点是皇权至上，皇帝的诏令就是法律，整个国家机构的设置和运转，均以皇权的强固为轴心，事无大小，一切"取自上裁"。为了稳固皇权，在官制法典中具体确立了宰相制度、朝议制度、中央和地方行政管理制度、司法制度、经济制度、军事制度、文书制度、官吏管理制度以及监察制度等。这些制度的调整变化，均以是否有利于维护和加强皇权为转移，中国封建社会内朝不断取代外朝的历史充分说明了这一点。所以中国古代官制法中不存在行政复议和行政诉讼制度，皇权和由皇权派生出来的官权都是神圣不可侵犯的。

而现代行政法是基于保障公民的权利和利益不受行政机关侵害的目的而建立的。因此，有关行政法上的救济手段，即公民的权利和利益受到行政机关侵害时或可能受到侵害时的防卫手段和申诉途径，就成为当代行政法中的重要内容。行政法以行政权为核心，在行政法理论中，无论是行政权的授予，还是行政权的控制和制约，抑或行政权的保障，其最终的归宿，都要涉及保障相对人合法权益的问题。有鉴于此，行政救济制度应运而生。所谓行政救济，就是运用法律的权威和力量来控制和纠正违法或不当的行政行为，以恢复、补救相对人被侵害的合法权益。正如行政法学理论一致公认的原则所阐明的那样，"有权利必有救济"，"无救济的权利是无保障的权利。"行政救济包括行政复议和行政诉讼两种，由法律、法规所明确规定的行政复议制度和行政诉讼制度，即构成了当代行政救济法律制度。

第三，中国古代官制法依附于刑法，往往采用刑事处罚手段；现代行政法是一独立的部门法，采用的是行政处罚手段，与刑法迥然有别。

中国古代泛刑主义观念盛行，民事法律关系和行政法律关系均采用刑罚手段来调整。如唐律规定，各个国家机构如若超编一人，则处以该机构长官杖刑一百，三人加一等，超编十人，徒刑二年。现代行政法与此不同，凡属行政法律关系均用行政处罚手段来调整，如行政警告、罚款、拘留等。

上述中国古代官制法和现代行政法的三个差别，可以归结为一句话：由《周礼》设计的中国古代官制法注重保障皇权、国家权力的实施，而现代行政法则注重对国家行政权的约束和公民、法人权利的保障。

由《周礼》设计的中国古代官制法，对当前中国的行政法具有一定的消极影响。例如，当前我国行政法在观念方面还有注重保障行政权而在某些方面忽略保障公民权利的倾向，对行政执法程序重视不够，过分注重行政强制执行；行政责任和赔偿的范围还较狭窄；行政诉讼的对象、范围也不够宽广。这与中国古代官制法注重保障官府权力的观念的影响有着一定的关系。

5. "八议"和特权法

《周礼·秋官》规定，小司寇要"以八辟丽邦法、附刑罚。一曰议亲之辟，二曰议故之辟，三曰议贤之辟，四曰议能之辟，五曰议功之辟，六曰议贵之辟，七曰议勤之辟，八曰议宾之辟"。"辟"者，法也。这段话的意思是，小司寇在审判罪犯时，要依据八种议刑法来考虑对一些人实行减免。一是对王室宗亲犯罪实行减免处罚的议刑法；二是对君主故旧犯罪实行减免处罚的议刑法；三是对贤良犯罪实行减免处罚的议刑法；四是对有才能的人犯罪实行减免处罚的议刑法；五是对过去立有功勋的人犯罪实行减免处罚的议刑法；六是对达官贵人犯罪实行减免处罚的议刑法；七是对勤劳官事的人犯罪实行减免处罚的议刑法；八是对君主的宾客犯罪实行减免处罚的议刑法。此"八议之辟"实际上就是一种赋予上述八种人刑事法律特权的法律。这八种人都是些不同等级的贵族达官，因此，"八议之辟"又可以说是一种贵族特权法。

《周礼》是崇尚礼治的，"礼所以别贵贱"，礼就是要把所有社会成员区分为不同的等级，不同等级的人的权利与义务是大不一样的，贵族和平民在法律面前是不平等的。上述"八议之辟"专门附在管理官吏的"邦法"上使用，庶民不得享有此项特权。所以，《周礼·大司寇》说："凡卿大夫之狱讼，以邦法断之。凡庶民之狱讼，以邦成弊之。"而"邦法"就是《周礼·大宰》上所说的"治官府"的"八法"。这"八法"包括"官职""官法""官刑""官常"等八方面的规定。

"八议之辟"不仅赋予达官贵人在定罪量刑上享有特权，《周礼》还规定了达官贵人在处刑上亦享有特权。例如，达官贵人受刑罚由专门管理他们事务的官员来执行，不受普通司法人员的管理；贵族犯罪者本应受宫刑处罚的，却可以用髡刑替代。宫刑是破坏、割掉罪犯的生殖器，髡刑则是剃去罪犯的头发，后者显然轻于前者；贵族不适用于判为奴隶的刑罚，即贵族犯了罪，不得把他们变为奴隶；贵族处死刑的方法不同于平民，一是执行死刑的官员不同，二是执行死刑的场所不同。平民被处死刑的要暴尸于公众场所，贵族被处死刑的则是陈尸于朝廷。

《周礼》这种达官贵人享有法律特权的思想与设计，极大地影响了后来的法律制度。

在汉代，达官贵人享有"上请"特权。其内容是：贵族官僚犯罪以后，司法官必须奏请皇帝，由皇帝根据犯罪者同皇帝的亲疏关系、官职大小及功劳大小来给予减免刑罚。从史实看，汉代"上请"制度实行的特点是适用面越来越宽。一是享有此项特权的人由宫内到宫外，由京都到地方，由高级到低级，越来越普遍。二是此项制度二年以上徒刑及死刑都能适用。

《周礼》中的"八议"在三国时期的曹魏正式变成法律条文。《唐六典》卷六注说："八议自魏、晋、宋、齐、梁、陈、后魏、北齐、后周及隋，皆载于律。"魏明帝制定新律时，以《周礼》的"八辟丽邦法"为依据，正式在《曹魏律》中规定了"八议"制度。《曹魏律》中的"八议"

对象,仍照《周礼》"八辟"适用的对象。八种人的条件也同于《周礼》。

在"八议"入律的同时,北魏、南陈还开始实行官当制。所谓官当,是指封建社会的官吏用官职爵位抵徒罪的一种特权制度。《晋律》规定免官可以抵三年徒刑,这是以官抵罪的开始。后来《北魏律》规定,五等列爵及官品从第五品起以官阶当徒刑三年;免官的,三年之后按照原来的官阶降一级叙用。

《隋书·刑法志》记载,南朝陈律中使用"官当"之名,其内容规定,如果有官职的人犯了应判五年、四年徒刑的罪,准许用官抵徒刑二年,二年以外的刑期服劳役(居作);犯了应判三年徒刑的罪,准许用官抵徒刑二年,余下一年出钱赎罪;凡判二年徒刑的,有官职的人都可以赎刑论处。可见,所谓"官当",不仅可以用官职抵罪,而且还可以配合使用赎刑用钱赎罪。

"八议"到了唐代更加完备,形成了"议、请、减、赎"特权制度。"议"即"八议"。唐律对"八议"的对象做了更为详细的规定。"议亲"是指皇帝"袒免"(已出五服的亲属)以上亲属、皇太后缌麻(五服中第五服)以上亲属、皇后小功(五服中第四服)以上亲属;"议故"是指长期侍候皇帝或曾同皇帝长期相处的故旧;"议贤"是指贤人君子;"议能"是指整治军队、处理政事很有能力的人;"议功"是指建立功勋的人;"议贵"是指职官三品以上、散官二品以上和有国公以上爵位的人;"议勤"是指对国家有勤劳的人;"议宾"是指前代国君的后裔子孙。以上八种人如果犯了死罪(除犯十恶罪之外),主管司法的官吏必须将其所犯罪行及应议之理由,先奏请皇帝,皇帝交朝廷大臣议定后,再由皇帝裁决减免。若犯流罪以下,主管司法的官吏审判后按减一等刑罚的原则处置。

"请"的对象是指皇太子妃的大功(五服中第三服)以上亲属、享有"议"权的八种人的期以上亲属(同祖父母的近亲)或官爵五品以上的人。这些人有犯死罪的上请皇帝裁决减免死罪。如果犯了流罪以下的减一等处罚。

"减"的对象是指七品以上之官及享有"请"权之人的祖父母、父母、兄弟、姊妹、妻、子及孙,这些人犯流罪以下,各减一等处罚。

"赎"的对象是指享有"议""请""减"权者及九品以上官或官品得"减"者(七品以上官)的祖父母、父母、妻、子、孙。这些人犯流罪以下,可听赎而不处实刑。

唐律对官员贵族犯罪所给予的特权规定,都被宋、元、明、清的法律所继承,因此封建法律就是特权法、等级法。值得注意的是,这一历史传统对现今刑法也产生了一定的影响,主要表现在以下几个方面。

第一,职务犯罪在立法和执法上所受到的处罚都明显低于其他主体。

例如,贪污、受贿与盗窃罪相比较,虽然都是侵犯财产罪,但在处罚的起刑点和最高刑的适用上,差距过大。在1997年以前,贪污、受贿的数额起刑点一般为2 000元(现在改为3万元),而盗窃罪的起刑点一般为200元(现在一般是1 000—3 000元)。这种立法上的差异,严重背离了法律面前人人平等的法制原则。

再如,作为过失形态的职务犯罪与非职务犯罪在处罚上差距也很大。根据1997年以前的《中华人民共和国刑法》第187条的规定,国家工作人员如犯玩忽职守罪,无论情节多么恶劣,无论给国家和人民生命财产造成多么巨大的损失,最高刑也只能判处有期徒刑五年。而对普通公民由于过失致人死亡或严重伤害的犯罪,最高刑分别为有期徒刑15年和7年。这就使得同样是过失状态,在同样的情况下,发生了危害结果(甚至玩忽职守行为所造成的灾害远远大于普通公民过失行为所造成的危害),前者可能不被追究刑事责任,或者前者处罚较轻,后者处罚较重。

第二,在执法过程中,有些行为虽被定为犯罪,但在处罚上却宽大无边。

例如,在执行1989年8月最高人民法院和最高人民检察院《关于贪污、受贿、投机倒把等犯罪分子必须在限期内自首坦白的通告》过程中,只要在《通告》限期内投案自首，退出赃款，即使贪污、受贿近十万元的，也可以不予起诉。贪污、受贿几十万元的也可免予起诉。

第三，在各种职务犯罪之间，在处罚方面也有明显失衡。如挪用公款与贪污犯罪，两者同属职务犯罪，而且在犯罪主体、表现形式、侵害对象等方面基本相同，但在处刑上，个人利用职务上的便利挪用公款进行非法活动的，无论数额多大、时间多长，都可以定罪判刑。而在相同条件下，贪污罪就有可能不判刑（如过去不足 2 000 元）。这就使"非法使用"公款的行为反而比"非法侵吞"公款的行为处罚还要重。

再如，在受贿行为中，同样情况下，对收受一定数额财物可以定罪判刑，而对收受其他财产性或非财产性利益，诸如享受他人提供的住房或其他享受物，让他人非法为自己子女、亲属安排工作或谋取某种职位，享受他人提供的姿色等，却不能定罪处刑。

对职务犯罪的轻罚和宽容，实际上是受了封建社会官轻民重刑罚观的一定的影响。因此，刑事立法要加强对职务犯罪的惩处，在刑法观念上就必须改变传统的官轻民重的刑罚观，根除封建法律特权思想，树立官民平等的刑罚观。

6. 直觉体验与坐堂问案

如何审讯被告、获取证据呢?《周礼》主张采用直觉体验方式。《秋官·小司寇》规定,法官要"以五声听狱讼,求民情。一曰辞听(观其出言,不直则烦);二曰色听(观其颜色,不直则赧然);三曰气听(观其气息,不直则喘);四曰耳听(观其听聆,不直则惑);五曰目听(观其眸子,不直则眊然)。"这就是说,法官在审理案件时,要遵循"五声"原则,在此原则指导下,获取真实情况。一要认真观察被告的言语,如果被告是罪犯,那么他说话时就会烦躁不安;二要认真观察被告的脸色,如果被告是罪犯,他的脸色就会变红;三要认真观察被告的呼吸,如果被告是罪犯,他就会心跳剧烈;四要认真观察被告的听觉,如果被告是罪犯,他听别人说话时,总会表现出疑神疑鬼的样子;五要认真观察被告的眼色,如果被告是罪犯,他的眼光就会昏花不亮。

后来的封建法律都把《周礼》中的"五听"列为正式条文。《唐律疏议·断狱篇》"讯囚察辞理"条说:依照《狱官令》,审察刑狱的法官,必先具备"五听",即当事人供词情实或情虚,神色平常或慌张,气息松缓或急促,两耳倾听他回话,两眼注视他表情动作,并且又勘验各种证物,对犯罪事状怀疑近似,但罪犯还不肯自己招认实情的,然后加以拷问责打。宋、明、清等朝代的法律都沿用了《唐律疏议》关于"五听"的规定。

"五听"依据人的表情和心理状态来判断被告是不是罪犯,有合理的一面。但它毕竟不是建立在客观调查取证、勘验的基础之上,而是建立在司法官主观的内心体验的直觉基础上。如果把直觉体验作为一种参考性材料,而进一步去勘验、取证,那就符合去伪存真、由表及里的辩证认识论原则。但在一些地方的司法实践中恰巧不是这样,有些法官经过"五听",就主观地认定被告是不是罪犯。如果主观地认定被告是罪犯,这些法官就不再去勘验、取证,而是进行刑讯逼供,直到"供认不讳"为止。许多冤、假、错案就是因此而产生。费孝通先生在《乡土中国》中写道:"在旧小说上,我们常见的听讼,亦称折狱的程序是,把'犯人'拖上堂,先各打屁股若干板,然后一方面大呼冤枉。父母官用了他'看相'式的眼光,分出那个'獐头鼠目',必非好人,重加呵责,逼出供状',结果好恶分辨,冤也伸了,大呼青天。——这种程序在现代眼光中,会感到没有道理;但是在乡土社会中,这却是公认正当的。否则为什么这类记载,《包公案》《施公案》等等能成了传统的畅销书呢?"

"五听"说到底是一种"看相",是一种直觉体验式的审判方式,它不可避免地具有一定的随意性,很容易造成冤、假、错案。费孝通先生在《乡土中国》一书中把"五听"

解释为"看相式"审判方式,以貌取人,如不招供,就是"大刑伺候",忽视勘验、调查、取证。

7."三刺"与会审制度

"三刺"是《周礼》关于司法官在审案时要广泛听取官民意见的规定。《秋官·小司寇》说,司法官要"以三刺断庶民狱讼之中:一曰讯群臣,二曰讯群吏,三曰讯万民"。这里的"讯",具有听取意见的含义。这句话的意思是,司法官在审理民、刑案件时,要广泛听取大臣、小吏和庶民的意见。这一规定有利于司法官全面了解案情。

后来的朝代把《周礼》的"三刺"纳入法典,形成了一系列会审制度。所谓会审,即会官审录,是指几个司法机关或司法机关与中央其他部门会同审理重大和疑难案件。《周礼》"三刺"包含了法官审案要听取民众意见的要求,而后来会审制度却日益向着两个方向演进:一是行政机关对司法活动的干涉逐步加强;二是皇帝对最高司法权的控制日渐深入。

在汉代,凡遇重大案件,可以由许多高级官员联合审判,名曰"杂治"。唐代形成了大理寺、刑部和御史台三大司法机构,分别主管审判、司法行政和监察,但遇有特别重大的案件,仍要根据皇帝的命令由大理寺卿会同刑部尚书、御史中丞共同审理,称作"三司推事"。对死刑案件,刑部还须会同中书、门下二省复议，以示慎刑。此外，由门下省给事中、中书省中书舍人和御史台侍御史共同组成的号称"小三司"的特别法庭，负责审理申冤的上诉案件。

明、清是我国封建社会会审制度最为发达的两个朝代。这两个朝代的会审制在有许多共性的基础上又各具特色。

明代的会审主要有：

第一，三法司会审。明代在中央建立了由刑部、大理寺和都察院组成的"三法司"联合审判组织，凡遇有重大或疑难案件，均由三法司会同审录，即所谓"议狱者一归于三法司"，但最后仍由皇帝裁决。

第二，圆审。如遇有特别重大疑难案件，囚犯没有确切口供，改换其他衙门审理亦无法决断，则具奏，"会九卿鞫（审理）之，谓之圆审"（《明史·刑法志》）。这九卿是指吏、户、礼、兵、刑、工六部尚书，都察院左都御史，通政使和大理寺卿。

第三，朝审。明代除死罪决不待时外，在"每岁霜降后（农历九月中旬左右），三法司同公、侯、伯会审重囚（因可疑、可矜悯而未立即执行的死罪犯人），谓之朝审"。

第四，大审。即皇帝命"司礼太监（宦官）一员，会同三法司堂上官于大理寺审录，谓之大审。"在大审时，认定罪与非罪，量刑之轻重，皆依宦官的意见而定，三法司唯命是从。

第五，热审。其制为每年小满后十余日，由刑部奉旨会同都察院、锦衣卫等审理囚犯。一般笞罪予以释放，徒流以下减等发落，重囚可矜疑及枷号者，奏请定夺。

清代的会审制度，首先是沿用明制"三法司会审"，所不同者，是清有"会小法"和"会大法"之分。对死罪犯人已取得供词，大理寺委派寺丞或评事，都察院委派御史赴刑部所属的本司会审，称"会小法"。狱成呈堂，都察院左都御史或左副都御史、大理寺卿或少卿，偕同属员，赴刑部会审，称"会大法"。

对明代的"圆审"，清朝则改称"九卿会审"，其方法和人员组成与明代相同。

在明代的"朝审"基础上，清朝发展成更加健全的"朝审"和"秋审"制度。按清制，朝审与秋审在审判的管辖和时间上有所区别。

秋审是由中央司法机关复审总决各省死刑案件的会审制度，因在每年秋季（农历八月）举行而得名。其办法是：先由各省督抚将本省各地的斩监候、绞监候人犯提解到省城，带领在省城的按察使、道员等官进行"会勘"（共同勘核），提出处理意见报送刑部。经刑部、大理寺等法司勘核后，由刑部将原案材料和各种意见分类编册，分送有关官员。参加秋审的有三法司长官、九卿等。由于死罪人犯在各省关押，秋审仅凭招册进行书面审核，一般到冬至前复审完毕。秋审结束做出四种处理：情实（罪情属实，量刑恰当，应予处决）；缓决（暂缓处决，等下次秋审时再定）；可矜（有值得同情的情节，可免死）；留养承祀（家中无人奉养父母和继承祭祀，可免死）。然后奏请皇帝最后审批。

朝审是对刑部判决的死刑未决案件和京师附近的斩监候、绞监候案件进行复审。时间略迟于秋审，于每年霜降后十日进行，冬至前复审完毕。其参加人员与秋审大体相同。因朝审的死罪人犯关在刑部监狱，故朝审须提人犯到堂，当堂宣读罪状，并加以讯问，然后也分别做出情实、缓决、可矜和留养承祀四种处理。除情实奏请执行外，其余三类都可免予死刑。

《周礼》只是原则地规定了司法官审理案件要听取其他大臣、官吏和民众的意见，而后来的历朝统治者则将它发展成一套会审制度。从表面上看，这样做体现了"慎刑"和体恤人情（即谨慎用刑）的精神，其实，更重要的是它体现了中国古代司法不独立、依附于皇权的价值观念。法官审案所要遵循的唯一原则是"以事实为根据，以法律为准绳"，而不是什么来自司法机关之外的意见。司法不独立，受人任意摆布，不是依照法律办案，而是服从于权势，那么冤、假、错案就难以避免。

8. "三宥"与慎刑

《周礼·秋官》规定,司法官员在审理案件时,要对因"不识""过失"和"遗忘"而犯罪的人减免刑罚。此即"三宥之法"。《秋官·司刺》载:"壹宥曰不识,再宥曰过失,三宥曰遗忘。"元代的《吏学指南·三宥》对"不识""过失"和"遗忘"做了解释,认为不识是指在不知道法律的情况下犯罪,过失是指在耳目没有见闻、大脑没有考虑到的情况下犯罪,遗忘是指在忘记法律的情况下偶然犯罪。在上述三种情况下犯罪的均可得到宽宥,即减刑或免刑。《周礼》的"三宥"规定,把因不识、过失和遗忘而犯罪与一般犯罪相区别,有一定的合理性,是"慎刑"和"仁政"的一种表现。

后来的封建法典对《周礼》"三宥之法"有所汲取。例如,《唐律·斗讼律》区分故意犯罪和过失犯罪,并将后者界定为"耳目所不及,思虑所不到,共举重物,力所不制,若乘高履危足跌,及因击禽兽,以致杀伤",等等。

"三宥"有慎刑、合理的一面,但亦有法律虚无主义和泛刑主义的意蕴。因为"不识"(不知道法律规定)和"遗忘"(忘记法律规定)是不能作为减免刑罚依据的,它不利于人们重视法律进而积极掌握法律。"三宥"中的"过失"与今天刑法上的过失也大不相同。像"乘高履危足跌"

一类的情况大都属于意外事故,当事人不可抗拒和无法预见,在今天如果遇到这种情况是不承担刑事责任的,但按照《周礼》规定,却要承担刑事责任,只不过是减轻处罚而已。这实际上是一种泛刑主义的表现。

9. "三赦"与矜老恤幼

几千年来,"尊老爱幼"一直是官方大力提倡并为民间所信奉的伦理规范,老年人和儿童在社会上很自然地处于一种被优待、被照顾的地位,这里面既有自然的"人情"的因素,跟传统的"仁政"也很有关系。中国的皇帝们向来很愿意被看作是"仁君",即使骨子里残暴狠毒的皇帝,表面上也不得不注意维护"作兆庶之父母"的神圣形象。所以,"敬老""恤幼"是皇帝行为规范中不可缺少的一部分。反映到立法领域,就是对老幼减免刑罚制度的产生。

《周礼·秋官·司刺》规定了三赦之法,即"壹赦曰幼弱,再赦曰老旄(耄),三赦曰蠢愚"。后人对这三者做了具体的解释,幼弱是指未满八岁的儿童,老耄是指八十岁以上的老人,蠢愚是指痴呆、低能者。以上三种人犯罪均可免予惩罚。

后来的封建法典大都继承了《周礼·秋官》的"三赦"规定。

汉朝在处刑上,七十以上及八岁以下的都有宽免规定。

第一，除特殊的犯罪和诬告及杀伤罪外，一般罪都可免刑。"年未满八岁，八十以上，非手杀人，他皆不坐。"(《周礼·司寇》郑玄注引《汉律》)《汉书·宣帝纪》记载宣帝元康四年（公元前62年）下诏："自今以来，诸年八十以上，非诬告、杀伤人，他皆勿坐。"第二，在刑罚的种类上宽宥。一是七十岁以上及十岁以下要处肉刑的都可以处不伤身体的完刑。《汉书·惠帝纪》记载："民年七十以上，若不满十岁，有罪当刑者，皆完之。"二是幼童犯杀人罪可减免死刑。汉成帝鸿嘉元年（公元前20年）定令："年未满七岁，贼斗杀人及犯殊死者，上请廷尉以闻，得减死。"第三，服刑中免戴刑具。汉景帝曾下诏书云："年八十以上，八岁以下，及孕者未乳，师、侏儒，当鞠系者，颂系之。"(《汉书、刑法志》)"颂"，音容，意思是宽宥。颂系，看管而不加刑具。《后汉书·光武帝纪》记载，光武帝建武三年（公元27年）诏曰："男子八十以上，十岁以下，及妇人从坐，自非不道，诏所名捕，皆不得系，当验问者即就验。"意思是，男子八十岁以上者、十岁以下者和妇女除了犯"不道"罪之外，犯其他罪时皆不羁押，调查取证当场解决。

唐律标榜崇礼，在《周礼》和《汉律》基础上，对老幼减轻刑罚不仅做了更加详细的规定，而且将矜恤范围扩大到"笃疾""废疾"。第一，老幼减免刑罚分三个年龄层次：《唐律·名例律》规定"诸年七十以上，十五以下及废疾犯流罪以下者收赎（即处刑后用铜赎罪）",只有犯加役流、反逆缘坐流、会赦犹流,才不用此律。年八十以上、十岁以下及笃疾者,犯反、逆、杀人应处死刑者得上请;犯盗及伤人者,也允许收赎,其他罪皆不予论处。年九十以上,七岁以下,虽有死罪不处刑。第二,犯罪以老幼论处的时限尺度是:"犯罪时未老、疾,而事发（被官府发觉、审理）时老、疾者,依老疾论。""犯罪时幼小,事发时长大,依幼小论。"这就是说,犯罪时还不足法定减免刑罚年龄的老人和残疾人,待到被官府发觉、追究时,年龄到了法定减免刑罚年龄和残疾程度,则依照后来的年龄和残疾程度享有减免刑罚的特权;犯罪时年龄幼小,尚不足以承担刑事责任,但当被官府发觉、追究时,年龄已达到了可以追究其刑事责任的标准,则依犯罪时的年龄论处,也即不承担刑事责任。这些规定显然是从着眼于对老、幼、残疾者从轻处罚的角度出发的。

《周礼》开创的"矜老恤幼"制度的遗风降至民国时期尚存。制定于1930年的《中华民国刑法》仍规定:年八十以上犯罪得减轻刑罚。

但在"人生七十古来稀"的古代,这些老人、小孩和伤残人并不会对社会造成很大危害,汉宣帝对此已有清楚的认识:"夫耆（六十岁）老之人,发齿堕落,血气既衰,亦无暴逆之心。"（《汉书·刑法志》）因此,法律上做出对老幼、残疾人减免刑罚的规定，既可得到"仁政"的美名，又不至于给统治阶级造成不利后果，可谓一举两得。

10. 正当防卫

正当防卫是对正在进行不法侵害的人采用造成一定损害的方法，以防卫公共利益、本人或他人权益免遭不法侵害的行为。我国古代刑法虽然没有正当防卫这一概念，但是，对于当遭受不法侵害时，以暴力进行自身防卫的观念，在《周礼》中就已出现了。

《周礼·地官·调人》云："凡杀人而义者，不同国，令勿仇，仇之则死。"意思是，凡有正当理由而杀人的，虽然被杀的子弟同国，但命令他们不要相与仇害。如果相怨仇杀，那就要按杀人罪来治理。"杀人而义"即含有允许正当防卫的意思。《周礼·秋官·朝士》云："凡盗贼军乡邑及家人，杀之无罪。"意思是，凡盗贼持械闯入乡邑家室侵犯人民，杀掉他们是无罪的。《周礼》的这些规定大都为后来的封建法典所采用。

汉代对于正当防卫的行为做了明确的规定。《汉律》载："无故入人室宅庐舍、上人车船，牵引人欲犯法者，其时格杀之，无罪。"这一规定，道明了适用防卫的条件：无正当理由，侵入他人住宅车船，及牵引人欲犯法，侵犯他人的人身自由；实施防卫的时间是"其时"，即犯罪正在进行时；实施防卫的手段是"格杀之"，即当场将罪犯杀死；以及对防卫的处理是"无罪"，即因正当防卫而杀死他人的，作无罪处理。

北周刑法规定："盗贼群攻乡邑及入人家者，杀之无罪。"实际上是全盘承袭了《周礼》的遗规。

唐律中虽然没有正当防卫的专章规定，但律文中关于正当防卫的内容，则较前代更为具体。《唐律·贼盗律》"夜无故入人家"条载："诸夜无故入人家者，笞四十。主人登时杀者，勿论。"意思是，黑夜没有特殊事故，妄自闯入人家，处以笞刑四十。如果当即遭到那家主人击杀的，对主人则不予论罪。《唐律·捕亡律》"罪人持杖拒捕"条也规定："诸捕罪人而罪人持杖拒捍，其捕者格杀之及走逐而杀，若迫窘而自杀者，皆勿论。"意思是，如果罪犯持杖拒捕，那么逮捕者可以将罪犯杀死。如果罪犯逃跑，逮捕者亦可将其杀死。根据上述规定，进行正当防卫必须具备以下条件：第一，只能对不法侵害行为实施正当防卫，对于不可能造成不法侵害的，不能以防卫为由进行打击，否则便是违法行为。例如，在夜入人室的情况下，老、小、残疾人、病人及妇女等，一般不可能对主人造成不法侵害，故不能随意对其进行打击。第二，只能对实际存在的不法侵害实行正当防卫，若明知这种实际侵害不存在，便不能以防卫为由，对其进行打击。例如，明知其迷途、酒后神志不清等原因而夜入人室的,则不能对其用武力实行防卫,否则要依律治罪。第三,防卫不能超过必要的限度,即不能防卫过当,否则亦属违法行为。例如,罪犯空手拒捕的,因其"虽相拒捍,不能为害",所以若是捕者将其当场杀死,即防卫过当的行为,依律要处以徒刑两年。第四,只能对正在进行的犯罪行为实行正当防卫。夜无故入人室而即时杀死、罪犯因拒捕而当场格杀,都属这类情况。如果罪犯已被拘捕,不可能再造成任何实际的不法侵害的,再对罪犯实行打击,便不能认为是正当防卫,而以斗殴杀伤论罪。对于常人相互斗殴的行为,则不适用正当防卫的规定。这些规定,与近代刑法正当防卫的理论相比较,已相去无几。

宋以后的历代刑法,基本上继承了唐律中有关正当防卫问题的原则规定。《大元通制》中就规定,夫获妻奸,妻拒捕的,杀之无罪;妻妾与人奸,夫于奸所杀其奸夫及其妻妾,以及为人妻者杀其强奸别人的丈夫,并不算犯罪。《大明律·刑律·贼盗》规定:凡夜间无故入人家内者,杖八十;主家当即杀死者,不为犯罪。其已就拘执而擅杀伤者,减斗杀伤罪二等;至死者,杖一百,徒三年。对于防卫过当的处罚,较唐律为轻。《大明律·刑律·人命》"杀死奸夫"条规定:凡妻妾与人通奸,而于奸所亲获奸夫、奸妇,登时杀死者,不为犯罪。如果已经拘执奸夫奸妇,而擅殴杀者,比照夜间无故入人家论处。清代刑法也有类似规定。

总之，中国古代在《周礼》问世时就产生了正当防卫的观念，并在后代的刑法中得到一定的发展，但尚未能形成专门的刑法原则。直至清末《大清新刑律》的制定，才把正当防卫作为一项专门的刑法原则，在刑法总则中规定下来。

11. 直诉制度

《周礼·秋官·大司寇》规定："以肺石达穷民，凡远近茕（无兄弟曰茕）独老幼之欲有复于上而其长弗达者，立于肺石三日，士听其辞，以告于上，而罪其长。"意思是，建立肺石制度来为穷苦百姓提供诉说冤屈的方便。凡畿内畿外没有兄弟子孙而老迈幼弱的人，如有冤屈呈告国君和太宰，而他们的地方行政长官却不肯代为传达的，即可在设置于朝廷外的红色"肺石"上站三天，于是朝士就来接受他们的诉状，并转交国王和冢宰，处罚压制他们申诉的地方行政长官。后人把这一制度称为"直诉"。

直诉作为一项正式的法定上诉制度，确立于魏晋南北朝，而完备于唐。它主要采用三种形式：第一，登闻鼓。起源于《周礼·夏官·太仆》中提及的"路鼓"，它是在宫殿外设置的，由宫殿中的管事官太仆掌管。凡有冤而无处告诉者都可敲击此鼓。太仆听到鼓声后，立即前去会见看守路鼓的御仆了解情况,然后向君主汇报。晋时路鼓已改为登闻鼓。《晋书·武帝纪》载,晋武帝时"西平人麹路伐登闻鼓,言多妖谤,有司奏弃市"。北魏、隋代都有关于登闻鼓的记载。唐朝时候,在东(洛阳)西(长安)两京城门外设登闻鼓,任凭申冤者敲挝,以求皇帝得知其事。宋代设置有登闻鼓院,专门受理击登闻鼓申诉的案件。第二,上表。即直接向朝廷上表章,披陈冤情。唐代武则天掌政时,为收受吏民投书申诉冤屈,检举官吏犯法以及进谏等,设铜匦四个于朝堂,名之曰匦。其中西面那个深白色的称"申冤匦",受纳诉状,并有专人处理。后四匦合为一匦,作用未变。这是上表的一种方式。第三,邀车驾。即遇皇帝出巡时,准许在路旁迎驾喊冤申诉。唐以后都有邀车驾。

直诉制度确立以后,一些封建统治者为了通达下情,平反冤狱,防止官吏枉法,有时对之还相当重视。唐律为避免各种直诉为主司不予受理的情况发生,规定:"邀车驾及挝登闻鼓,若上表诉,而主司不即受者,加罪一等。"同时,承认受冤枉者的亲属有代诉权。明宣宗时,针对值班官遇击鼓申诉之事不予接纳上奏的情况,下令:"自后凡击鼓诉冤阻遏者,罪。"(《明史·刑法志》)

然而,历代对直诉又都有种种限制。唐律规定:"诸邀车驾挝登闻鼓,若上表,以身事自理诉,而不实者,杖八十（即故意增减情节，有所隐避诈妄者，以上书诈不实论）。"其邀车驾诉而入部伍内（闯入仪仗队伍中），杖六十。"元代则规定，上诉必须先经省部台院，省部台院"不行"，才准许邀车驾控告。

直诉制度的建立，对于帮助朝廷了解国家的司法状况，及时解决冤案，提高法官的责任心等都具有一定的积极意义。但它同时又是以朝廷直接参与、干涉司法的形式出现，实际上是中央集权制度在司法上的反映。而且从实践来看，它的效果又是微乎其微的。

12. 血亲复仇

血亲复仇的观念起源于氏族社会。当时的氏族习惯承认血亲复仇，当一人被他人伤害，那么他的家属和他的族人都有为他复仇的义务。进入阶级社会之后，复仇的习惯被延续下来。《周礼》对此的态度是：有条件地承认血亲复仇，即血亲复仇有法定的手续，亦有专管复仇的官员，只要事先到"朝士"那里登记了仇人的姓名，那么，将仇人杀死便可无罪。而且又有"调人"的官职，专门负责避仇与和解的事宜，并规定复仇只以一次为限，不准反复寻仇。《周礼》关于血亲复仇的态度极大地影响了后人。《礼记·曲礼上》说："父之仇，弗与共戴天；兄弟之仇，不反兵（身不离兵器）；交游之仇，不同国。"认为坚决地为父亲、兄弟、朋友报仇雪恨，是天经地义的举动。《春秋公羊传·隐公十一年》中也说："君弑，臣不讨贼，非臣也；（父弑），子不复仇，非子也。"把不为父亲复仇的行为视为天大的不孝。

一些封建法律同《周礼》一样，对血亲复仇采取了有条件的承认态度。东汉章帝建初年间制定了"轻侮法"，对因父母被人侮辱而将侮辱者杀死的行为，明确可以减轻处罚。《曹魏律》规定，杀人凶手在被官府追捕的过程中，被害者的子弟可以复仇，追杀凶手。宋朝法律规定，凡子孙复仇的案件，由官府奏请皇帝裁决。这样虽不承认复仇的权利，却又予以特殊的考虑，这是一项兼顾礼法而具有弹性的办法。元代法律对复仇的态度非常特别，它规定：父为人所杀，而儿子殴死仇人，不但没有抵罪的责任，而且仇人之家还须付烧埋银五十两。公开承认复仇的合法性。明、清法律则规定：祖父母、父母为人所杀，子孙当场将凶手杀死的，可以不承担刑事责任；但事后再杀的，则要杖六十。

有些朝代的法律（如隋律、唐律）虽然禁止血亲复仇，但在实践中却又网开一面。北魏时，一个叫孙男玉的女子为丈夫报仇，依法被判为死罪，但后来又以她"重节轻身，以义犯法"，予以特赦。南梁的张景仁八岁时，其父被人杀死，他立志报仇，终于斩仇家之首以祭奠父亲，并自缚去官府投案自首。梁简文帝下令赦免他的罪，并免去他一家的租税，以旌表他的"孝行"。

封建社会的道德舆论几乎对所有的复仇都持褒奖态度，这是因为封建统治者一直鼓吹"以孝治天下"，为父复仇自然被道德所允许。但这样一来，复仇风气蔓延，势必扰乱了正常的社会秩序，侵犯了官府的司法权力，影响了皇权的声威，因此封建法律有时有限制地允许复仇，有时干脆禁止，总的发展趋势是限制愈来愈严，禁止愈来愈厉。这与封建专制制度的发展、皇权的膨胀是同步的。但是，国家法律的禁止并不表明国家从根本上否认复仇行为，禁止是策略性的、权宜性的，因为复仇行为所体现的孝的精神与中国封建王朝所奉行的治国原则从根本上是一致的。

现代法律是绝对禁止血亲复仇行为的，因为国家严格实行罪行法定主义原则，一个人是否有罪，罪当何罚，只能由法院依据法律做出判决，而其他任何人、任何机构都无权干涉。因此，"孝"的传统观念固然在当代有许多值得借鉴之处，但必须抛弃那种为了所谓的"孝"而践踏法律的法律虚无主义意识。

13. 人员编制的法治化

《周礼》阐述王朝政府的设官分职，列举各种职守，并一一规定每一职守设置的官员的级位和员额。整个王朝政府机构按天、地、春、夏、秋、冬六官，分为六篇。六官即六种政务主管部门，各有首脑一员，名称是：冢宰（太宰）、大司徒、大宗伯、大司马、大司寇、大司空。级位是最高的一级"卿"。

每一部门，除配属一些协助首脑的直属官员以外，还统辖大批各种职守的官员。这些官员分为中大夫、下大夫、上士、中士、下士共五等级位。根据职守的重轻繁简，确定各职守主持官员的级位高低。级位较高的还配属一些低级官员。每种职守的各等级位，都有固定员额，二、四、八员不等，多的达三十二员。

每一职守又都配有属吏和杂役。属吏分为府、史，前者保管书契器物，后者草拟文书，通常各二至四名。杂役分为胥、徒，女性的称女、奚。徒的名额根据劳役需要而定，多的达到三百或八百名。胥为徒之长，名额比例大致是一比十。

例如，冢宰的直属官员为："小宰中大夫二人，宰夫下大夫四人，上士八人，中士十有六人，旅下士三十有二人；府六人，史十有二人，胥十有二人，徒百有二十人。"冢宰所属膳夫这一职守，配属"上士二人，中士四人，下士八人，府二人，史四人，胥十有二人，徒百有二十人"。另一种职守酒人，配属"奄（宦官）十人，女酒三十人，奚三百人"。

这样，从六卿到各部门诸职守的各级官员以及属吏杂役，形成一个整齐庞大的官僚组织。它是在定级定员的原则上建立起来的。

《周礼》对官吏员额及其资格的规定，对于防止政府机构冗员的增加，促使在位的官员各司其职，提高行政效率是颇起作用的，因而后来的封建法律大都对官府的人员编制问题做出了相应的规定。

《汉书·百官公卿表》说西汉"吏员自佐史至丞相，十二万二百八十五人"。《后汉书·百官志》及注对各机构员额有明确记载，如：太尉府公一人，长史一人，掾史属二十四人，令史及御属二十三人。这样，太尉府官吏的总数就是四十九人。

从晋朝开始，法律中有"违制"的专门内容。违制律是对官吏违反人员编制及失职行为的处理规定。隋唐法律改"违制"为"职制"，唐律中的《职制律》有五十九条之多。对各机构的人员定额，超过一人就要受刑事处分，规定"诸官有员数而署置过限，及不应置而置，一人杖一百，三人加一等，十人徒二年"。

唐律中的《职制律》内容基本上为宋、元、明、清继承，不过更细致、更具体并有所发展罢了。

除了刑律规定外，《唐六典》《明会典》《清会典》也都记载了中央各机构的设置和人员编制，一般把这三部典章视为行政组织法。

但是,由于皇权独尊、独裁,中国古代国家编制始终未能真正走上制度化、法治化的轨道。一方面,为了使国家管理井然有序,皇帝必须在机构设置、人员定额上追求合理性,因而制定了行政法典和有关刑律规定;但另一方面,皇帝居于独尊地位,总是疑心别人不忠诚于他,因而就要在法定的机构、人员编制之外,另置一个编外的、非正式的机构,来牵制法定的、正式机构,这就是历史上层出不穷的内朝与外朝问题。内朝是不在编制内的,是皇帝的私人秘书班子,但受皇帝宠信而有实权。外朝是编制内的法定机构,但因皇帝不放心而没有实权。内朝是有实无名,外朝是有名无实。整个国家编制处于无序的混乱状态中,处于有法不依的人治状态之中。

14. "刑三典"与刑法的"世轻世重"

《周礼·秋官》规定了对不同地区采用不同刑事政策的三种原则,即"刑三典":"一曰刑新国用轻典;二曰刑平国用中典;三曰刑乱国用重典。"所谓三典,即轻、中、重三种不同类型的刑法。对新占领的地区,其民尚未教化,故用轻刑治之;对承平守成之国,用常行之法来治理;对叛乱动荡之国,则用重刑严厉镇压。三典的基本精神是针对不同的社会条件,因地制宜,因时制宜,采取灵活的刑事政策，制定轻重有别的刑法。后世把此原则概括为刑法的"世轻世重"原则，为不少朝代所仿效。例如，隋末实行暴政，极大地摧残了社会生产力，导致了社会秩序的动荡。唐朝立国之初，统治者认识到"安人宁国"的重要性，因而采取了轻徭薄赋、减轻刑罚的措施。唐太宗李世民主张"恤刑慎杀""用法务在宽简"，尤其对死刑极为慎重。魏征则说"法贵宽平""赏宜从重，罚宜从轻。"无论是罪名种类，还是刑罚体系、量刑幅度，都要轻于隋律。

总的来说，历史上刑法的世轻世重，一方面，符合中国人认为"治世"和"乱世"交替出现、循环往复的传统观念；另一方面，也反映出统治者能够根据社会客观条件，及时调整统治策略，灵活制定和适用刑法，做到"宽猛相济"、"事随势迁而法必变"（王夫之《读通鉴论》），体现了古代刑法思想所蕴含的强调发展变化的积极成分。

古代刑法的这种传统，在某些方面影响到了中国近现代的刑事政策。

1979年7月，我国公布了《中华人民共和国刑法》，并于1980年1月起施行。这部刑法是以1963年全国人民代表大会常委会法律部门拟出的第33稿为基础经反复修改完成的，较多地体现了我国长期的刑事政策和法治建设的要求。但是，面对20世纪80年代前期社会上刑事发案率较高，特别是一些重大刑事犯罪活动频繁的特殊情况，刑法中的某些规定就显得不够了。为此，从1981年起，全国人大常委会相继颁布了《关于处理逃跑或者重新犯罪的劳改犯和劳教人员的决定》《关于死刑案件核准问题的决定》《关于严惩严重危害社会治安的犯罪分子的决定》《关于迅速审判严重危害社会治安的犯罪分子的程序的决定》《关于严惩严重破坏经济的罪犯的决定》和《关于惩治贪污罪贿赂罪的补充规定》等，对刑法或刑事诉讼法做了重要的修改补充，从而在全国范围内展开了"从重从快"地打击严重破坏经济犯罪和严重刑事犯罪活动的"双打"斗争。

这些决定和补充规定的主要内容有：(1)增加了刑法所没有的"加重处罚"即超过法定最高刑判处刑罚的规定，当然不是无限制，而是罪加一等。(2)比刑法增加了可以适用死刑的条款。如对流氓犯罪集团的首要分子、强迫妇女卖淫的罪犯等，可以处以死刑。(3)修改了刑事诉讼法中规定的某些审理程序。对于一般死刑案件，规定可以由省、自治区和直辖市高级人民法院终审判决，不必报最高人民法院核准。(4)对刑法的溯及力有所修正。对以前的某些严重犯罪，不再依据从旧兼从轻的原则，而是限期自首。不自首者，按新颁布的决定处理。(5)补充或扩大了某些刑法条文的适用范围，增加了一些新罪名，如"传授犯罪方法罪""挪用公款罪"等。

这场从重从快打击杀人、强奸、抢劫、爆炸、流氓集团等严重刑事犯罪以及打击经济犯罪的斗争，取得了一定成效，扭转了社会治安的被动局面。据官方资料统计，1981年全国刑事发案率为万分之八点九，1982年为万分之七点四，1983年为万分之六，以后几年都保持在万分之五左右。

根据传统观念衡量，这确实有点使用"重典"的味道，是"世轻世重"原则在当今的批判性继承。当然，在贯彻"从重从快"方针时，如何加强法治建设的宏观规划和调控，保持立法的相对稳定性，防止冤案、错案的发生，也是值得进一步探讨的问题。

上面我们从14个方面论述了《周礼》对中国传统法律文化的影响。概括起来，主要有二。

第一，《周礼》对封建特权法的形成起了重要作用。奴隶制和封建制的法律，有一个显著的特点，就是公开地确认不同等级的不平等法律地位。所以列宁曾经指出："在奴隶社会和封建社会中，阶级的差别也是用居民的等级划分而固定下来的，同时还为阶级确定了在国家中的特殊法律地位。"我国早在奴隶制时代，便实行"礼不下庶人，刑不上大夫"的等级特权原则，《周礼》将此系统化，规定了"以八辟丽邦法。""八辟"即"八法"，也就是后来的"八议"，它规定了皇亲国戚、达官显贵等八种人犯罪后，不能按照常法规定处罚，而要特别咨议，由君主给予宽免、优待。进入封建社会以后，尤其是自西汉罢黜百家，独尊儒术，开始了封建法律礼法结合的进程之后，儒家的礼教作为指导封建法律发展的基本思想和原则，"八议"在汉代的司法实践中已被贯彻，曹魏时载入法律，迄今未改。它使封建法律成为一张严实的等级特权保护网，充分暴露了封建法律是特权法的本质。

第二，《周礼》"慎刑罚"的思想减轻了封建法律的残酷性，使得中华法系不像西欧中世纪基督教影响下、阿拉伯伊斯兰教支配下的立法、司法那样残酷、毫无人情味。《周礼》主张教化和惩罚相结合，先教后刑，明刑弼教，反对不教而诛。这些思想后来都成为封建正统法律思想的主要内容，成为封建社会立法、司法的指导原则。《唐律疏议》开宗明义地说："德礼为政教之本，刑罚为政教之用。"历代的循吏之所以被人称道，就是因为他们能够在司法活动中贯彻德主刑辅、明德慎罚、先教后诛的原则。历代的酷吏之所以被世人痛骂，就是因为他们在司法实践中违背了明刑弼教的原则，而滥施刑罚，不教而诛。

对于《周礼》中的特权法思想，我们应该给予彻底的批判，而对于《周礼》中的慎刑罚主张，我们应该认真地研究和借鉴。世界刑罚发展的趋势，就是日益轻缓，由报应刑向教育刑演进，这与《周礼》的法律思想是相吻合的。

五　一个权力经济的范本
——《周礼》与中国经济文化

中国封建社会君主专制的历史，长达两千余年之久，堪称世界之最。其中奥妙之一，就是专制皇帝对所有被统治者用超经济的各种行政手段加以控制和束缚，其中包括职业的固定化，产业的所有权受到政权的支配和制约，严格的户籍制度，限制任何行动自由，不准自行迁徙，所有的居民被划分为不同等级并规定相应的礼制，人身要受国家的控制，在如此严密的控制下，人们完全变成了统治者任意支配和役使的对象，全都绑在了君主专制的战车上，谁想脱离战车，它就会把其轧得粉碎。

《周礼》就是设计用超经济的各种行政手段来控制民众的一部典籍。它把超经济的强制手段作为君主专制存在的前提条件，给后人提供了一个权力经济的范本。

1. 土地王有制

《诗·小雅·北山》云:"溥天之下,莫非王土。"《周礼》继承了这种观念,认为天下的土地属于君主一人的,应由国家来分配土地。如何分配土地,《周礼》设计了不同的方案,计有如下六种。

第一,《地官·大司徒》中以"家"为单位的分配法:"不易之地,家百亩;一易之地,家二百亩;再易之地,家三百亩。"不易之地为每年都可耕种的好地,一易之地为两年轮耕之地,再易之地为三年轮耕之地。

第二,《地官·小司徒》中以"夫"为单位的井田形式分配法:一夫百亩,九夫为一井,四井为一邑,四邑为一丘,四丘为一甸,四甸为一县,四县为一都。这里的"夫"即家长,与《地官·大司徒》中的以"家"为单位无有大的差异,但形式有所不同,这种井田法与行政组织合而为一。

第三,《地官·小司徒》中依据劳动力状况的分配土地法:"上地,家七人,可任也者家三人;中地,家六人,可任也者二家五人;下地,家五人,可任也者家二人。"七口之家有三个壮劳力者分给上等土地,六口之家有两个半劳力者分给中等土地,五口之家有两个劳动力者分给下等土地。每家中分"正卒"与"羡卒",壮劳力为"正卒",

其他为"羡卒"。

第四,《地官·遂人》把家庭与劳动力状况结合起来考虑,实行综合性的土地分配方法。上等好地是每"夫"廛一处,田百亩,莱五十亩,余夫如之。中等土地是每"夫"廛一处,田百亩,莱百亩,余夫如之。下等劣地是每"夫"廛一处,田百亩,莱二百亩,余夫如之。每"夫"之"夫"为一家之主,"余夫"则为一家之主外的劳动力。

第五,《夏官·大司马》所讲的土地分配法是第三、四种的混合物:"凡令赋,以地与民制之。上地,食者参之二,其民可用者家三人;中地,食者半,其民可用者二家五人;下地,食者参之一,其民可用者家二人。"意思是,凡征收邦国的赋税,要根据土地的美恶与人民的众寡来制定,上等肥美的土地可以耕种的有三分之二,每家可以担任徭役的有三个人,中等土地可以耕种的有二分之一,每两家可以服徭役的有五个人;下等土地可以耕种的有三分之一,每家可以担任徭役的有二人。这里虽然讲的是如何出赋,但其所讲的分配土地的方法则别具一格。

第六,《地官·载师》记载了分封和赏田方法:"以廛里任国中之地;以场圃任园地;以宅田、土田、贾田(给贾人之田)任近郊之地;以官田(官家出租)、牛田、赏田、牧田任远郊之地;以公邑之田任甸地;以家邑之田任稍地;以小都之田任县地;以大都之田任疆地。"这里是以"国"

为中心,分远近不同,把土地分配、赏赐、分封给各色人物。

上述六种土地分配方式不尽相同,但其共同点则是:土地属于国家(君主)所有,应该由国家(君主)进行分配。在两千多年的封建社会里,特别是秦汉以后,土地的所有制极为复杂,但在观念上皇帝具有最高的支配权,则是天经地义、无人置疑的。《周礼》正是宣传了这种观念。

秦汉时期,皇帝是全国最高最大的地主。土地所有权和政权在他身上是统一的。秦始皇刻石自颂:"六合之内,皇帝之土","人迹所至,无不臣者"。秦统一六国后,"令黔首自实田",即要求民众向国家申报自己占用的土地,承担租税。自商鞅变法确立直到西汉还保留的"名田"制,实际上也是一种国家土地所有制,由国家把土地分配给那些立有军功的人。汉代的"公田"之名也大量出现于史籍,皇帝不但可以将大量公田封给群臣贵族,而且还直接把土地"假"(出租)给农民耕种。

三国以后,实行了几种《周礼》所设计的授田制形式。公元196年,曹操在北方屯田,把流亡农民编制起来,分给土地。使用官牛耕种的,将收成的十分之六交纳地租;不用官牛的,交纳收成的一半为地租。西晋规定,男女农民都可以分到田地,一种是不向国家交纳地租的占田,一种是向国家交纳地租的课田。丁男占田七十亩,课田五十亩;丁女占田三十亩,课田二十亩。以粮、绢、绵等实物交纳地租。公元485年，北魏颁布均田制，规定授田有露田、桑田之分。露田专供种植谷物之用，男女各分配一定面积，不得买卖，年七十交还国家。桑田供种植桑、榆、枣树之用，不须交还国家，也可以出卖其中一部分。受田的农户，必须向国家交纳粮食和帛。唐朝对均田制做了新规定，宣布按男、女年龄、健康等情况分别授予不同面积的土地。唐朝把露田称为口分田，一般不得买卖，受田者身死必须交还。桑田称永业田，可以传子孙，不再交还。受田的成年男女，要向国家交纳定量的粮、绢、绵（或布、麻），每丁每年还要服役二十天。授田法的这几种不同形式，都体现了《周礼》倡导的土地国有制精神。

上述历代的官田、屯田、营田、名田，以及西晋的占田制，北魏、北齐、北周、隋、唐的均田制，学术界大都认为是封建土地国家所有制。在这里，地租与课税的合一，生产者、生产资料、劳动产品分配要受到国家政权的直接支配，"国家既作为土地所有者，同时又作为主权者而同直接生产者相对立"，"国家就是最高的地主"（《资本论》第3卷，第891页），对于这些，人们都已取得共识。那么除了封建土地国有制之外，封建社会是否还存在民间的土地个人私有制呢？纵观两千余年的封建社会历史，不难发现，民间个人的土地私有权从未完全实现过，它始终不曾突破国家权力支配形态的硬壳。

首先，在封建社会，私人拥有土地的数量有明确的法律限制。什么样的等级身份，可以拥有多少地产，"各为立限，不使富者过制"。过限地产，封建国家有剥夺之权。

汉代初期，私人大地产（主要是商人）曾经有过相当高度的发展。可是，这种局面是不为封建集权所容的。汉朝政权一趋稳固，马上就有理论家出来提议："限民名田，以塞并兼之路。"接着汉武帝就发动了一次告缗运动，对全国范围内的私人大地产、大财产实行无条件没收，"得民财物以亿计，奴婢以千万数，田大县数百顷，小县百余顷，宅亦如之。于是商贾中家以上大氐破"（《汉书·食货志》）。一次运动就使商贾中家以上私人地产几乎全部遭到破产，足以看出政治支配形态下的个人土地所有权及其社会保障性能，是何等微不足道。

其次，封建国家可以经常实行强制性的迁民以改变个人的土地占有状况。

汉朝自高祖九年（公元前198年）迁徙，原先齐国的诸田，楚国的昭、屈、景，燕、赵、韩、魏之后，以及豪杰名家共十余万口居于关中，其后每一代君主都不断地把职俸在两千石以上的官员、资财雄厚的富人和豪杰并肩之家，迁徙到皇帝陵园一带，一直到哀帝、平帝之时，中间从来没有停止过。魏文帝徙冀州土家五万户以实河南；北魏道武帝徙山东民吏十万余口以充京师。此后，迁民之举无代不有。直至明代洪武三年（公元1370年），徙江南民十四万户于凤阳；洪武二十四年（公元1391年）、三十年（公元1397年），徙天下富民二万户于南京。

大规模地迁民是基于"溥天之下，莫非王土；率土之滨，莫非王臣"的观念进行的，既然是"王臣"，又是"王土"，当然可以迁来迁去了。在这里，土地所有权已不具备任何社会意义，只有封建国家对人、对土地的政治支配，才是真正起作用的因素，也诚如汉代王符在《潜夫论·实边》中所揭露的那样，"民之于徙，甚于伏法。伏法，不过家一人死耳。诸亡失财货，夺土远移，不习风俗，不便水土，类多灭门，少能还者"，官府迁民之时，"至遣吏兵，发民禾稼。发彻屋室，夷其营壁，破其生业，强劫驱掠"，以至于"万民怒痛，泣血叫号，诚愁鬼神而感天心"。

《周礼》在宣传"溥天之下，莫非王土；率土之滨，莫非王臣"的观念方面，起了重要影响，对土地国有制的延续发挥了重要的作用。

2. 户籍管理与人身控制

《周礼》认为天下人民也如同土地一样，最高的所有权与支配权都属于君主。在《周礼》中，户籍制度不仅仅是一种行政管理，户籍还与分配土地、收取赋税、征发徭役和兵役等紧密结合在一起。《周礼》中许多官吏的职掌都与管理户籍有关。《地官》中的小司徒、乡师、乡大夫、族师、闾胥、闾师、县师、媒氏,《夏官》中的职方氏,以及《秋官》中的司民,都从不同角度谈到户籍的管理。

《地官·大司徒》总掌全国版图。其职云:"大司徒之职,掌建邦之土地之图与其人民之数,以佐王安扰邦国。"《天官·司会》掌"凡在书契版图者之贰"。版、图的副本由司会保管,由大司徒职文可知,它还包括"吴民之数"。"版"即户籍,"图"即土地状况。

人民的精确数目,要通过经常的核查户口才能得到。《周礼》核查户口有一套规范化的操作细则,称为"比法",由小司徒掌管。《地官·小司徒》职云:"乃颁比法于六乡之大夫,使各登其乡之众寡、六畜、车辇,辨其物,以岁时入其数以施政教、行征令。"根据"比法"的要求,登记的内容有人口数目、六畜、车辇和物(家中之财)。登记的时间为"岁时",即每季度登记一次。

乡大夫受"比法"后,向州、党、族、闾逐级下达,使他们每季度统计一次。这项统计工作在六乡中是从"闾"这一级开始的。五家为比,五比为闾,一闾为二十五家。《地官·闾胥》职云:"以岁时各数其闾之众寡。"即闾胥每季度要统计一下本闾之内的人口数字。《地官·族师》云:"以邦比之法,帅四闾之吏,以时属民,而校登其族之夫家众寡,辨其贵贱、老幼、废疾可任者,及其六畜、车辇。"意思是,族一级的户籍核查,是按时集合四间百家之民,调查核实男女人数,查明贵贱、老幼、废疾、可充任徭役者,还要登记六畜和各种车辆。

五族为党,党正在族师核查时也必须亲临现场监督,其职云:"以岁时莅校比,及大比,亦如之。"即党正要按时亲临监督族师的户籍调查校正工作。三年户籍大校比时,党正也要亲临监督。

乡大夫为一乡之长,所以也必须"以岁时登其夫家之众寡"(按时查明男女人数)。在六遂系统中,同样有逐级进行的四时户籍核查工作。

《地官·里宰》:"掌比其邑之众寡与其六畜、兵器。"(里宰掌理本邑男女人数以及六畜、各种车辆等件数的核查。)

《地官·鄼长》:"以时校登其夫家,比其众寡。"(按时统计校正户口与男女人数。)

《地官·鄙师》:"以时数其众庶。"(按时统计人口数字。)

《地官·遂大夫》:"以岁时稽其夫家之众寡、六畜、田野,辨其可任者与其可施舍者。"(每年按时稽查户口男女以及六畜、土地,查明可以承担徭役的和可以免役的。)

《地官·遂师》:"以时登其夫家之众寡、六畜、车辇。"

《地官·遂人》:"掌邦之野。""野"包括六遂及四等公邑,所以也要"以岁时登其夫家之众寡及其六畜、车辇。"

《地官·小司徒》:"以稽国中及四郊、都鄙之夫家九比之数。"(负责按时审核六乡、六遂、国中及四郊、都鄙的人民、男女及县都九夫为井、闾里五家为联等等的数字。)

户籍统计的项目,除前面提到的以外,《秋官·司民》还有更具体的规定:"掌登万民之数,自生齿以上皆书于版,辨其国中与其都鄙及其郊野,异其男女,岁登下其死生。"意思是,男孩八个月,女孩七个月以上,就必须登录户籍并注明其性别、所属地区等,人口增加、死亡情况则每年随之更动。

户籍每隔三年,必须大规模复查一次。《地官·小司徒》云:"及三年,则大比。"《秋官·小司寇》亦云:"及大比,登民数,自生齿以上,登于天府。"这两者讲的都是三年核查一次户籍。

乡遂之民不得随意迁居,《地官·比长》规定:"徙于国中及郊,则从而授之;若徙于他,则为之旌节而行之。"迁往国中和四郊的,必须由比长亲自送往迁居地,面交当地官吏。迁往六遂和都鄙公邑的,必须持有比长发给的旌节作证明。"若无授无节,则唯圜土内之",乡中无授无节出乡者,则要被投入监狱。

《周礼》建立如此严密的户籍制度,目的主要有三。

第一,保证有足够的劳动力为官府服徭役。《地官·乡大夫》云:"以岁时登其夫家之众寡,辨其可任者,国中自七尺以及六十,野自六尺以及六十有五,皆征之。其舍者,国中贵者、贤者、能者、服公事者、老者、疾者皆舍,以岁时入其书。""七尺"是指年龄二十,"六尺"是指年龄十五。这段话的意思是,城中之民从二十岁至六十岁,村野之民自十五岁至六十五岁,都要承担为官府服劳役的义务。只有贵族、贤者、能者、官府公职人员、年长者、残疾者六种人可以免除劳役义务。国家若有大兴土木之事,小司徒、大司马推算所需人力之数,然后乡遂之官员各以其民户的正卒(每家一人)来服役,服役的时间是:十天的工程,每人服三天劳役;三十天的工程,每人服九天劳役。

第二,保证有足够的赋税。《地官·闾师》云:"凡任民,任农以耕事,贡九谷;任圃以树事,贡草木;任工以饬材事,贡器物;任商以市事,贡货贿;任牧以畜事,贡鸟兽;任嫔以女事,贡布帛;任衡以山事,贡其物;任虞以泽事,贡其物;凡无职者,出夫布。"意思是,不同职业的人各以其职业所生产的实物作为贡品,并以此作为赋税。因此,耕地的农民向官府交纳谷物;经营果园的果农向官府交纳花果;从事手工业的工匠向官府交纳器物;经营商业的商贾向官府交纳货财;从事畜牧业的牧农向官府交纳鸟兽;从事纺织的妇女向官府交纳布帛;管理山林的衡人向官府交纳山中特产;管理湖泊的虞人向官府交纳水中特产;没有正当职业的闲民则要向官府交纳钱,以代替实物。

第三，保证有足够的军赋。内容主要有两方面：一是在有大军役时，六乡（城里人）、六遂（村民）每家出一人为兵。乡遂的家数与军数是相同的，所以平时的比、闾、族、党、州、乡，战时即为伍、两、卒、旅、师、军的军事组织。六乡七万五千家的正卒，即为六军七万五千人。六遂也是如此，六乡之军为主，六遂之军为副，共十二军，此即《地官·小司徒》所谓"凡起徒役，毋过家一人"。六乡和六遂出军不出马、牛和车辆。二是乡遂之外的公邑丘甸居住区的人，既要服兵役，又要提供作战用的马、牛和车辆。

《周礼》设计的这套通过建立严密的户籍制度以保证国家有足够赋税、兵源和服劳役者的方案，对后世影响极大。

秦朝法律规定，秦境内的男女老弱一经编入户籍，便不得擅自迁徙。如有必要迁徙，必须报经官府重新登记，叫作"更籍"。户口数字必须准确无误，如有"大误"，当地官吏要受处罚，基层官员里典、伍老如果隐匿成年男子不申报，或申报不实，就要受罚；如果百姓作伪欺诈，里典、伍老知情不告，也要受罚。

汉承秦制，但户籍法规又有重要发展：一是《九章律》列《户律》为九篇之一，这是封建户籍法趋于成熟的一个重要标志；二是建立了每年八月定期造籍的制度；三是开始实行户口田土财产一起登记上册的制度,并开始根据户籍征收人头税和财产税。

魏晋南北朝时期,户成为主要登记单位,战乱和门阀制度的形成,给这一时期的户籍造成两个明显的后果:一是荫户(亦称隐户)大量出现,二是户籍有了等级高低的区分。户籍混乱情况的产生,无疑对封建国家的财政收入有极大影响,因此,魏晋南北朝诸国曾先后颁布过一系列整顿户籍、检括户口的法令,如东晋、南朝的"土断、白籍"法令,北魏建立三长制的法令,北周打击僧尼势力的法令等。其中晋哀帝时有名的"庚戌土断"进行得比较彻底,搜刮出大量隐户,增加了政府的财政收入,一度出现了"财阜国丰"的局面。

隋王朝建立后,在整顿户籍、清查人口方面颁布了以下法规法令:(1)保正之法:规定京畿内五家为一保,五保为闾,四闾为族,分设保长、闾正、族正。畿外设里正、党正。责令正、长清查户籍,若户口不实,处正、长以流刑。(2)相纠之科:居民检举揭发,给予奖赏。(3)貌阅之法:大规模的户口清查,阅其相貌年龄,以验老小之实。(4)析籍之令:凡直系近亲及远房亲属皆须析居,另立户籍,不得合籍隐瞒。(5)输籍之法:按每户财产规定税额。这些措施使隋代户口激增,也为唐朝建立较完备的户籍法规奠定了基础。

唐代户籍法在律、令、格、式四种法律形式中都有所体现，主要有这几方面的内容：(1)建立了从中央到地方的户口登记系统。(2)三年一造户籍，按黄、小、中、丁、老登记，划户为九等，按年龄授田，按户等纳税，按丁口摊派徭役。(3)对违反户籍法规的行为实施惩罚，对脱漏户口，一户尽漏者，处以家长徒刑三年；户内无课役者减二等。为逃避课役而脱漏户口，增减年龄者，一人则处以徒刑一年，两人则罪加一等。里正、州县没有察觉户口脱漏增减者，按脱漏增减的人口定罪；若知情而犯，同家长罪；若有贪赃枉法行为，以枉法论，计赃定罪。

宋代在国家的户口统计中，创制了鱼鳞图册，即将主、客户的丁口、土地合编为一册，在对各户土地核实的基础上将它们绘制成图，标明面积、位置，连接起来，编辑成册。这种方法沿行于明代，在户籍管理方面，宋代沿用唐法。

元代户籍取消了九等分户的编户方法，户籍类别的划分大致以括取著籍的先后分四类。四类之中又分若干小类户等，总称"诸色户计"。

明初洪武元年（公元1368年），朝廷管理户籍曾在部分地区试行过均工夫图册（服役法）的办法，洪武三年（公元1370年），改行户贴制，即由户部造籍册、置户帖，各写上每一户的籍贯、丁口、姓名、年岁，编号盖印后，"籍藏于部，帖给予民"，作为征调赋役的依据。洪武十四年

（公元1381年）又创建黄册制度，并定下每十年重新核实编造一次。黄册制度更便于官府依据不同的户，收纳赋税，摊派差役。

清代实行保甲法，每户给以门牌，一年更换一次。清王朝对于人口的申报、登记，规定十分严格。到雍正元年（公元1723年），摊丁税入田赋以后，户籍失去了征调赋税的意义。乾隆年间，人口登记改由保甲造报，统计人口的方法起了明显变化，从此不再沿用编审之法单报丁口数，而按保甲之法造报人口总数。乾隆以后，户籍管理以保甲制为基础，沿用到中华民国。

《周礼》所设计的户籍制度，具有全国统一的调查制度、定期汇报制度和赋税徭役制度相结合的特点，而后来的封建户籍制度恰巧继承了这一传统，使之成为控制民众的有效工具。

3. 军事化的市场管理

《周礼》对经济市场的管理，犹如对乡遂之民的管理，带有强烈的军事化色彩，市场不过是军事化国家体制的一个组成部分。指挥经济的并非经济规律，而是层层严密设置的官吏，他们对商贾的贸易场所、成交方式、价格乃至商品质量、种类，无一不加严格限制。后代的封建市场管理体制大体上沿用了《周礼》的设计。

第一，设置市场管理官吏，严密控制市场。《周礼·地官》设司市一官，掌市场之政教法令，设质人一官，掌市场买卖事务和契约；设廛人一官，掌管收集市布（一种货币）放入泉府（仓库），收集骨角而放入玉府（仓库），收集珍味而放入膳府；设胥师一官，掌管市中次区的政令和诉讼事务；设贾师一官，掌管平抑市场物价；设司暴一官，负责禁止市场打架斗殴；设司稽一官，负责巡察市场中犯禁者与盗贼；设肆长一官，掌管市中肆区的政令；设泉府一官，负责市场征税事务；设司门一官，负责市场门户的钥匙和门税；设司关一官，负责市场关门禁令和关税。可见，《周礼》的市场是军营化的市场。

后代人都继承了这种管理方式。汉代在京师长安及各重要城市均设有贸易市场，由政府派员管理。《后汉书·第五伦传》载：第五伦被任命为长安市场管理官员，"平铨衡，正斗斛，市无阿枉，百姓悦服"。王莽时在长安及大城市设五均官，督管商业活动。汉朝法律规定，国内人与外国人做买卖都必须得到许可，取得凭证才能进行。即使外国商人入境以后，国内人也不能随便同其买卖。《史记·汲郑列传》记载：有一次外国商人到长安，当地人未经允许就同外国人买卖，结果，按法律"坐当死者五百余人"。城市的市场有固定的地点，叫"市井"。长安城有九市，市井同住宅区用围墙分开，市内设有各种店铺"商肆"，同类商品集中在一处，称"列肆"。另有存放货物的仓库"店"，或称"邸舍""廛"。官府对市井管理很严，市门有专职门吏掌管（如同《周礼》中的司门），市内设官署，置"市令"或"市长"管理、监督交易，还有专管市场治安的官吏。开市和闭市由击鼓来通知，闭市后禁止营业活动，违者要处罚。凡在市井营业的商人，须向市井官署登记，交纳市租。不难看出，这与《周礼》设计的市场管理大体相同。

唐代县以上的城镇都有市。长安和洛阳的市最大，首都长安是国内外贸易的中心，城内有东西对称的商业区——东市和西市。在市内，出售同类货物的店肆，集中排列在同一区域里，叫作"行"；堆放商货的货栈，叫作"邸"，邸招徕外地商客，并替他们代办大宗批发的交易。唐朝对商业的管理也很严。商业区与居住区分开，市有市令，负责管理、征收商税。市场活动有时间限制，中午击鼓百声，开始贸易；日落前三刻击钲三百下，停止贸易。

明朝《大明律·户律》列有《市廛》一卷，规定市场上各商行和埠头应每月将所属客商船户的籍贯、姓名及货物数目向官府登记清楚，违者杖六十，所得钱入官。

第二，确定商品贸易的范围和成交方式。《周礼·地官》"司市"的职责之一，就是当商贾入肆后，要对其商品做"平肆""展成""奠贾"三步工作。"平肆"是指司市要检查商人的货物是否名实相符。"展成"和"奠贾"是指司市要审查其货物质量，然后给它们规定价格。凡伪饰之物在关门被查出则没收，在市场被查出则加以处罚。在买卖过程中，官方始终作为第三者或中介人参与其事。《地官·质人》规定"人民、牛马、兵器、珍异，凡卖儥者质剂焉"。"质"是一种长券，用于人口、牛马一类的大交易；"剂"是一种短券，用于兵器、珍宝一类的小买卖。质、剂实际上是一种买卖契约，这种契约均由官府发给。《周礼》对商品交易的范围是有限制的，在《周礼》中，工不得作、商人不得卖、民不得有的所谓细靡之物（享受性的商品）达四十八种之多，其目的就是要通过行政手段，把商业活动限制在解决生活必需品的水平上。

后来的封建法律在《周礼》的影响下，对某些商品贸易常常做出限制规定。自秦汉以降，历代封建王朝大都对盐、铁、金、银、铜、锡、茶等重要生产资料和生活资料实行国家专卖，因而对民间交易也加以种种限制。

汉武帝时，国家派大农丞直接管理盐铁，规定"敢私铸铁器煮盐者，釱（钳）左趾，没入其器物"，"盗铸诸金钱罪皆死"（《史记·平准书》）。

西汉实行盐铁官营，唐朝又开始将茶叶的专卖权垄断在政府手中。明朝更以严法禁止贩运"私盐"和"私茶"。洪武六年（公元1373年）修定《盐引条例》，规定贩私盐者绞。其后《大明律》专列《盐法》十二条，处罚略有减轻：凡贩私盐者杖一百，即使买食私盐也处杖刑一百，转卖者杖一百或徒三年。《大明律·茶法》规定："凡贩私茶者，同私盐法论罪。"清朝不仅对盐、铁、茶等重要商品继续实行禁榷，而且又进一步把金、银、铜、锡、硝等商品的专卖专营权垄断在政府手中，还规定贩卖私盐三百斤以上，即须究明买自何处，按律治罪。若不将卖盐之人姓名据实供出，加等论处。

在市场交易中，《周礼》设计的买卖契约方式亦被后世采用。汉代市场买卖都要有"券书"，达成交易后，在券的骑缝处大书数字，一分为二，买卖双方各持一张，遇有争讼，各以券书为证。为了有效地对买卖契约进行管理，还规定了相应的验契收税制度。在唐律中也明确规定，凡是奴婢、牲畜等交易，必须到市场管理衙门去立"市券"。违犯者，超过三天就要笞买主三十、卖主二十。

第三，平抑物价。《周礼》中的市官负有平抑市场物价的职责。《地官·泉府》云："以市之征布敛市之不售、货之滞于民用者。"市场上若有滞销货，泉府就动用其库内的货币买进，因其滞销，价格必然很低，他日若有不时之需者，再转卖之。为了防止奸商用低价从官府购买货物，而用高价卖给老百姓，凡从官府处购买市场的滞销物者，必须凭其所属官吏的"封符信"致之泉府，证明其身份，泉府方才以货物予之。《地官·廛人》亦云："凡珍异之有滞者,敛而入于膳府。""珍异"是指四时食物,滞久则容易腐败,故以泉府之财卖给膳府,以供官食。这样做"官不失实",而市场商品的价格和品种都能保持稳定。

后来的封建市场管理采用了《周礼》的这些设计方案。唐律规定,市场管理机关要依法评定物价,如果市场官员评价不公道,则以坐赃论罪。《大明律·户律》规定,商行行长评估物价不得贵贱不平,违者则根据其增减之价坐赃论;买卖双方不准把持行市,不准贩卖之徒暗通牙行谋取奸利;不准在傍高下比价以惑乱取利。

第四,加强税收。《周礼》对商贾所征的税,名目极多,主要有两类,一为关税,一为市税。关税是指货物出入国门之税(《地官·司门》)和存放货物的仓库税(《地官·司关》)。市税有五:(1)絘布,即市肆的房屋税。(2)总布,即货物税。(3)质布,即订立买卖合同所要交纳的税。(4)罚布,即对违反市场管理条令所课处的罚款。(5)廛布,即市之地税。

后来的封建王朝都采用了《周礼》对商人加重收税的设计方案。例如汉武帝元狩四年(公元前119年)发布"缗钱令",对手工业者一律以缗钱四千征收一算(一百二十钱),对商人则一律以缗钱二千而征一算;普通人一辆小车征收一算,商人则一辆小车征收二算(即二百四十钱)。

东晋时期,征收名叫散估的商业税,办法是:凡买卖奴婢、牛马、田宅，都做成文券，每一万钱，政府征四百钱，卖者纳三百钱，买者纳一百钱；一般商品买卖，不是成文券，根据成交额征税百分之四。宋、齐、梁、陈四朝都征此税。

唐朝对商业采取保护奖励方针，在承平的初期，商业税很轻，但安史之乱后政府财政匮乏，就开始征收掠夺性的商业税。商业税名目繁多，有借商、质钱、粟麦（农民出售粮食需缴之税）、阅商贾钱（税吏于河流交汇处收税）、竹木茶漆、除陌钱（公私支付和买卖需缴之税）。中唐以后，诸道藩镇节使在自己辖区内任意课征，凡有买卖行为皆抽税。

五代时的商业税有普通货物税。后周以前，对普通商品如牛马等都课以通过税，周显德五年（公元958年），虽对牛马只征货物税，但对其他货物则仍征通过税。

宋朝在各地设税吏，行商携货，每千钱课税二十，叫作过税；坐商在城里售货，课以住税，税率每千钱算三十。

元代商税分为三类。一是正课，即商人因买卖货物而缴纳的税，以及买卖田宅、奴婢、牲口所纳的契本工墨费；二是额外课，即正课之外，另行增收之税；三是船料税，即对商船的课税。

明代商税包括货物通过税和买卖税。通过税（关税）特别发达，买卖税受其影响，较不发达。明初征收商税有两大原则："商税俱三十分税一，凡物不鬻（出卖）于市者勿税。"但买卖田宅、牲口要立契约，于正课之外，征收契纸铜钱四十文。

明初，课税货物的品目没有规定，因而税吏可以任意征税，结果是一船、一车、一货、一物，无不抽税，甚至私用的零碎物品亦课税，苦了商民。明成祖永乐元年（公元 1403 年）规定详细的免税品目，以防税吏苛征，但不久这一规定就遭破坏。明代设有特别名目的商税，如门税、过坝税、塌房税。还有一种营业税，叫市肆门摊税，课税于市肆门摊。

清代的商税有常关税，这种税就是历代的关市之征和明代的部分商税。清代，特别从乾隆年间起，在水路、海路之要津以及陆路要地设常关，征收货物通过税、船税，统称关税。道光二十二年（公元 1842 年），五口通商，称海关为新关，原来的关为旧关、常关或老关。旧关的税称常关税，以与新关的海关税相区别。常关本来征收货物税，分衣物税、食物税、用物税、杂货税四项；在通行舟船之地，兼收船税；有些常关兼收房税、牲畜税、车驮税、船契税、牙税、铺房税、盐税、木税等。盐、矿、茶、酒等重要商品都设有专门的税项，一般商品则必须缴纳营业的牙税、过关的关税、市场出售的落地税。

两千余年来的商税尽管名目繁多，但大体上都可划分为关税和市税两大类，而这与《周礼》的设计是相同的。显然是在《周礼》设计的基础上发展起来的。

第五，加强市场监督。《周礼》对商品交易活动的监督相当严格。据《地官·司市》所言，商贾入肆后，市场官员对其商品要认真核查，货物在摊位上陈放时，必须按质地的善恶分类，不得混杂，欺骗买主。伪饰之物受到国家严厉禁止。《地官》中的胥师要悬挂、公布"刑禁"，刑即市刑，禁即《地官·司市》所规定四十八种伪饰之物的禁令。《地官·司门》规定，凡违反"刑禁"的货物在过市门时，若被查出，即全部没收，并给予处罚。《地官·胥师》云："察其诈伪、饰行、儥慝者，而诛罚之。"胥师如果发现有以劣品假冒良货出售而欺骗顾客的，就要加以处罚。市场官员对物价的监督极其严格，为了防范变相提价，《地官·质人》云："掌稽市之书契，同其度量，壹其淳制，巡而考之，犯禁者举而罚之。"质人掌理稽查市中取予货物的书契，划一度量，规定绢帛的长宽，随时巡行加以抽查，如果有不合规定的，那就没收他们的货物，并处罚他们。

在《周礼》的影响下，后来的封建法律都非常注意维护市场秩序。《唐律疏议·杂律》中直接涉及市场管理的法律条文就有六条。其中规定：市场买卖所用的度量衡器具必须经官府检验之后才能使用（《周礼》中的司市即负有此职）。凡私制斛、斗、秤、尺不公正，而擅自使用者，答五十。由此而称量有出入的，计所增减的数额，按盗窃罪处刑。凡出售器物、粗制滥造、缺斤少两，处杖刑。出卖伪劣物品，计算其赢利多少而坐赃罪，严重的，按盗窃罪论处。凡欺行霸市、强买强卖、投机倒把、扰乱市场、从中渔利者，杖八十，如果非法所得多者，也要根据赃物数量按盗窃罪从重惩处。

《明律·户律》中专列《市廛》一卷，相当于今天的市场管理法。其主要内容是：（1）各商行和埠头应每月将所属客商船户的籍贯姓名及货物数目向官府登记清楚，违者杖六十，所得钱入官。（2）商行行长评估物价不得贵贱不平，违者按照其所增减之价坐赃论。入己者按窃盗论。（3）不准买卖双方把持行市，不准贩卖之徒暗通牙行谋取奸利，不准在傍高下比价以惑乱取利。（4）不得私造或增减斛斗秤尺，违者杖六十，工匠同罪。仓库官吏私自增减者从重论处。（5）若所卖实物以假冒真、以次充好，答五十，其物入官。

从以上五个方面来看，《周礼》设计的市场管理制度基本上为后来的封建法律所采用。

4. 重农思想与农学研究

中国自古就以农立国，因此，以农为国本的思想根深蒂固，先秦各派思想家几乎都是重农论者。《周礼》继承了这一传统思想，对农业给予了极大的重视，许多论述已属于农学研究范畴。

第一，关于土壤的分类。《地官·大司徒》云"辨十有二壤之物而知其种，以教稼穑树艺。"在种植之前，要先辨别十二种土壤土性，然后再教民稼穑之事，这当然是因为土质与宜种之物及作物质量密切相关。《地官·草人》按照土色、土质、肥度等将土地区分为骍刚、赤缇、坟壤、渴泽、咸潟、勃壤、埴垆、强㯺、轻㯺等九类，这属于土壤学研究成果。

第二，改造土壤。《地官·草人》有所谓提高土壤肥力的"土化之法"。骍刚、赤缇、坟壤等九类土壤肥瘠不一，因此施肥时要根据不同的土质，分别施撒牛、羊、鹿、狐等动物骨灰，如此则可化治土质，使之肥美。清人孙诒让说，此法"与植物化学冥符遥契"（《周礼政要·教农》），并非过誉。

第三，选择谷种。《地官·司稼》说，司稼掌理巡视野地人民的耕作，辨明各种谷类的种植，遍知它们的名目与所适宜种植的土地，制定方法，悬挂在邑中的里门，使人民有所遵循。

第四，整治稼器，《地官·遂人》云"以时器劝甿"。时器即农时所用之耒耜等器，遂人铸农器劝民耕作。《地官·

遂大夫》又云："正岁，简稼器，修稼政。"可见，每年正岁遂大夫还要检查农器。

第五，兴修水利。《周礼》高度重视在农田中建立统一的水利系统。《地官·遂人》云："凡治野，夫间有遂，遂上有径；十夫有沟，沟上有畛；百夫有洫，洫上有涂；千夫有浍，浍上有道；万夫有川，川上有路。"一夫受田百亩，夫田与夫田之间即有水沟（遂）；沟、洫、浍、川等都是田间水道之名，纵横交错，大小相注，以防水备涝。《地官·稻人》又云："以猪蓄水，以防止水，以沟荡水，以遂均水，以列舍水，以浍写水。"猪即潴，是蓄水的池塘。防即堤防，防水泛滥。沟、遂、列、浍分别是流水、均水、留水、排水的水沟名。

以上五方面均有专门的官员管理和指导，足见《周礼》对农业和农学的重视。

《周礼》在封建社会是一部经书，是封建士大夫的必读之书，它客观上对士大夫们的兴趣爱好、人生追求起着重大的指导作用。《周礼》中所包含的大量农学研究内容，对后来的一系列农学研究著作不可能不起到一种启发、引导作用。而且在儒家经书中，《周礼》是唯一的对农学有较多涉及的著作。

闻名于世界的我国著名的百科全书式的农书共有四种，即"四大农书"。它们是：东魏贾思勰著的《齐民要术》，元代大司农官修的《农桑辑要》，元代王祯著的《东鲁王氏农书》，明代徐光启著的《农政全书》。

《齐民要术》十卷，共九十二篇。第一卷至第五卷的五十五篇里，分别用专题论述了各种粮食作物、蔬菜、果树、桑柘以及经济作物的耕作栽培方法。第六卷共五篇，是关于家禽、家畜和鱼类的养殖方法。第七卷至第九卷共三十篇，讲的是农副产品的加工和储藏的技术，例如酿酒、制作酱醋盐豉糖的方法等，最后还有煮胶和制造笔墨的方法。第十卷通卷只有一篇，题为"五谷、果蓏、菜茹非中国物产者"，记录了许许多多的当时南部中国的区域性植物。此卷所述，只讲产地、性状及作用，而罕言栽培技术，主要是因为在北部区域掌握不到这些技术。

《农桑辑要》七卷，是一部农事技术全书，阐明重农要旨和耕作方法，分典训、耕垦、播种、栽桑、养蚕、瓜菜、果实、竹木、药草、孳畜十篇，涉及的农业技术范围，比《齐民要术》更广泛一些，介绍的进步技术也更多一些。

《东鲁王氏农书》由三个部分组成：《农桑通诀》六卷，《农器图谱》二十卷，《谷谱》十卷。因为作者是山东人，所以系列化的三部农书合称《东鲁王氏农书》。它对南方的农田水利情况，对农用的耕地、播种、中耕、收割、加工、运输等工具以及蚕茧、织布机具等，都做了详细的记述，尤其是对后者——绘制图画，并加上文字说明，成为一部极佳的传统农具图录。

《农政全书》六十卷。作者徐光启精熟的是农田水利之学,他一生中曾三次亲自下地耕作,从事农事试验,取得实际经验,而后又结合往古农学著作,加以总结,所以徐光启的《农政全书》有一个重大的突破前人和前著的特点,就是著者本人不仅关心农事、研究农学,而且具有丰富的大田耕作和水利兴修的实践经验。

从这四大农书的内容来看,《周礼》或多或少都有所论述。作为封建社会的经书,《周礼》的农学思想对后世的影响是不可低估的。

5. 利出一孔与官营工商

在君主专制政体下,皇帝垄断一切利益,臣民们只有在得到皇帝的恩赐后才能分到一杯残羹剩肴,这即"利出一孔"的经济专制思想。封建皇帝控制经济的一个重要手段,就是官营工商,使全国的工商业为官所有,为官所营,为官所用,进而压抑民间工商业的发展。

这种观念集中体现在《周礼》之中。《周礼》说天子"以九职任万民",其中第五种职业是"百工",任务是"饰化八材";第六种职业是"商贾",任务是"阜通货贿",工商都是官府直接控制和经营的国家经济的组成部分。官营手工业原料的获得,主要不是通过商品流通途径,而是来自地方的贡物、农民的实物地租和国家所垄断着的各种自然资源。《周礼·地官》规定，山虞之官"掌山林之政令，物为之厉，而为之守禁"；林衡之官"掌林麓之禁令，而平其守"；川衡之官"掌巡川泽之禁令，而平其守"；泽虞之官"掌国泽之政令，为之厉禁，使其地之人守其财物，以时入之于玉府，颁其余于万民"。这样一来，所有山林、川泽、金玉、锡石、禽兽，统统划归国有，设立官职，悬以励禁，严加管理。

在《周礼》官营工商观念和官营工商体制的影响下，中国封建社会手工业生产管理系统都是国家政权机关的分支，在手工业生产各个部门下至各个具体的生产单位中，掌管经营大权的，都是政府的官员。这一管理系统大体上可以分为两个部分，一是直接服务于皇室的，其主要机关的名称，秦代称少府，汉代称将作大匠，元代称将作院，明代称将作司卿，清代称内务府造办处；二是服务于整个国家管理机关及其成员，主管部门为工部、兵部和户部，管理方式是将民间手工业者编入"匠籍"，世代相传，不得脱籍，不得做官，"不贰事"(《礼记·王制》)，置于各级行政管理系统之下，然后按照组织系统，轮番征调他们到官府服役。清朝顺治二年(公元1645年)，虽然宣布废除匠籍，实行雇募制度，但它与西方社会的雇佣劳动制度完全是两回事，它不是劳动力的自由买卖，官府的行政强制性依然有所体现,雇值极微,与无偿劳役没有大的区别。

在官营商业方面,封建政府通常采用的办法是实行政府专卖(即所谓禁榷制度,也称榷估),它是国家运用政权的力量,明令禁止私人经营某种或某些工商业产品,而直接由国家垄断的一种制度。实行禁榷的工商业产品,往往是人们生活资料和生产资料中最主要的、经常或大量需要的物品,或者最为有利可图的物品,如生活资料中的盐、生产资料中的铁、享受性消费品中的酒等等。国家控制了影响全局的经济项目,就在社会分配方面握有了绝对的主动权和支配权,就控制了社会经济的命脉,从而能够从容地应对国家的重大活动和突然事变,在政治上实行集权,按照政治权力掌握者的利益需要去改变和调节社会各阶级、阶层之间的关系平衡。"利出于一孔者,其国无敌;出二孔者,其兵不屈;出三孔者,不可以举兵;出四孔者,其国必亡。先王知其然,故塞民之养,隘其利途。故予之在君,夺之在君,贫之在君,富之在君。故民之戴上如日月,亲君若父母。"(《管子·国蓄》)国家通过官营工商体制,使人民除了仰仗官府赐给利益之外,别无经营致富之路。

然而,这种工商体制从根本上阻碍了社会生产力的发展,不符合经济发展规律。

关于官营手工业的弊端,在近代官营工业中表现得尤为突出。19世纪60年代到90年代,清朝政府搞了三十年的"洋务运动"。他们首先从创办军火工业开始，随后又举办了采矿、炼铁和纺织工业，经营指导思想是"中学为体，西学为用"。单从经营思想方面说，所谓"中学为体"，就是中国自古以来的官营体制丝毫不变；所谓"西学为用"，就是借用西方的某些技术、机器。结果，根本体制不变，生产的规模又空前地扩大，传统官营体制的种种弊端便充分地暴露出来（参见刘泽华等著《专制权力与中国社会》，第161—167页，吉林文史出版社1988年版）。

第一，实行衙门式管理，凭借行政命令，随意定点造厂。张之洞创办汉阳铁厂，既没有勘定铁矿，也不知道煤在什么地方，就致电驻英公使刘瑞芳、薛福成，向英商定购炼钢厂机炉。英国梯塞特厂回答说："欲办钢厂，必先将所有之铁、石、煤焦寄厂化验，然后知煤、铁之质地若何，可以炼何种之钢，即可以配何样之炉。差之毫厘，谬以千里，未可冒昧从事。"而张之洞只凭主观臆测，认为凭着中国土地如此广大，什么东西没有？何必要先打到煤、铁后才购买机炉！于是回电驻英公使，指示他们只需按照英国所使用的机器，购买一套就行。张之洞初任两广总督，原议在广东建厂，待至机炉定毕，张之洞已调任两湖，于是又决定移厂湖北，又各处寻找铁矿和建厂之地。铁矿和厂址选定后，又各处寻觅煤矿，四处钻掘，最后才在马鞍山发现了煤矿，这中间浪费的资财不知有多少。已经找到了煤，却不懂得如何炼焦。于是又悬赏征求炼焦之法，掘地如坎，终日营营，而不知马鞍山等处的煤、灰矿并重，根本就不适合炼焦。当局不得已只好从德国购买数千吨焦炭，用船载来，宝若琳琅。前后兴师动众，花钱如流水，却不曾炼出一吨合格的生铁。光绪十九年（公元1893年），张之洞又在武昌兴办南纱局，向国外订购了四万多纱锭的机器设备。机器被运到上海，接着又转运湖北；因张之洞又由湖广总督调任两江，机器又从湖北运到南京，可是南京不可以安装，只好再运回上海。凡运鄂、运苏、运沪之费，栈于上海的地租、栈租、保险之费，外国技术人员月俸之费，洋行月息之费，统计近八十三万两白银。而这些远渡重洋运来的机器搁置在上海杨树浦滩上的席棚之内，上面淋着雨，四旁透着风，历时五年，机底机箱压陷入土中达二三尺深，从上至下人人知道，但从无一人过问。后来机器运到通州安装时，剔除的腐烂部分，堆积得如同五座小山。

第二，把近代企业办成家族式的企业。盛宣怀从光绪年代起，先后任过几个官督商办企业的督办。他的叔父、堂弟、堂侄、姻亲、外甥、女婿在中国电报局各个地方分支机构中担任负责人的有三十一人。汉冶萍铁矿的一千二百名职员中，"大半为盛宣怀之厮养及其妾之兄弟，纯以营私舞弊为能"（1913年3月4日《时报》）。轮船招商局的广州分局长期控制在唐廷枢兄弟手中，汉口分局控制在盛宣怀的姻亲施紫卿手中，天津分局控制在李鸿章的故旧麦佐之手中，由他们"兄授其弟，父传其子"，如此达二三十年之久。招商局各"督办"的位置，向来都归总办分派，不是姓唐，便是姓徐。间或任用他姓，则须打通关节，与局中有力者分做，也就是一切所得之财要在背后与决策者瓜分。这种人一旦得到"督办"的位置，便要任用亲朋达二三十人之多，充当自己的属僚，以至于船上的好舱半数为他们占去，而且都是趾高气扬、睥睨他乡的过客，情形非常令人憎恶，纯属一些不出力、光拿钱的冗员。一个英国人记录了他所无法理解的现象："在中国人经营的工厂里，都可看到一个令人惊异的情况，就是每部门都有一些衣服华丽而懒惰的士绅，各处偃息，或专心钻研经书。我们向英籍经理询问，才知道他们是主管官吏们的朋友，虽然对于工作一无所知……但是他们都领薪水，当监督、监察与上司，并有相称的好听名衔。这些装饰门面的指挥者们，得自由地来往出入，他们唯一要按时做的工作，只有领月薪一项而已。"(《洋务运动》第八册，第426—427页)宗法裙带关系何以在这里泛滥成灾？是因为官办企业的资本不是靠市场来维持，而是靠国家财政的支持。他们有权拿薪俸、贪污，却不承担任何责任。

第三，铺张浪费。由于是衙门式的长官意志管理，企业的负责人必须擅长逢迎上司。每当上级官员下来视察，下级官僚四处装点布置，备办佳肴馈礼。例如，汉冶萍公司督办到厂一次，全厂必须悬灯结彩，陈设一新。厂员们个个翎顶衣冠，脚靴手本，站班迎送。酒席赏耗之费，每次至二三百元之多，居然全部列入公司账内报销。督办之下，还设有总办、会办，月支薪水二百两至一千两，大凡绿呢轿、红伞、亲兵、号挂，以及公馆内所需的一切器具、伙食、烟酒、零用等，均由公司支给。

第四，贪污成风。汉冶萍矿的坐办林志熙，一人就侵吞公款三十余万两。轮船招商局的六位总办、三位董事、一位顾问，没有一个不是分肥的能手，"买煤有弊，买船有弊，揽载水脚短报有弊，轮船栈房出入客货有弊，用物有弊，修码头不开标有弊，分局上下浮开有弊，种种弊端，不胜枚举"1913年3月4日（《时报》）。两广总督周馥委托道台徐乃斌、县令伍秉诚担任广东自来水局的总办和坐办。总办徐乃斌终日花天酒地，不务正业；坐办伍秉诚和承包修筑水池的匠头向属狎游旧交，彼此沆瀣一气。匠头与坐办暗地分肥，坐办对匠头事事迁就，结果偷工减料，工程极不牢固，以致水池倾陷数次。人们向上反映问题，但始终得不到解决，后来别人一查，原来徐乃斌是总督周馥的亲戚。

第五，效率低下。清政府原先给马尾船政局定了每年造船两艘的生产指标。但实际上从1877年以后，每年只能制造一艘。中法战争之后,甚至"积三年之费,不能成一新式快船"(《洋务运动》第五册,第304页)。1898年议造"建成""建安"两艘快舰,三年计划,用时六年方才完成。官办工业、商业,尽管拥有雄厚的资金,应有尽有的原料、设备,以及国家政权的坚强后盾,但几乎没有不以失败而告终的。

第六,官权分割商利。官办工业、商业亏损严重,于是,清朝政府转而采取西方股份公司的组织形式招集私人资本(商股),由官方借垫部分资金筹建企业,并由官方委派总办(督办)、会办代表官方经营管理,这种经营管理形式的企业,称作"官督商办"企业。奇怪的是,这种企业"所有盈亏,全归商人,与官无涉"(《李文忠公全书》奏稿卷二十)。而经营管理大权操纵在政府委派的代表手里,私人资本家除了保留资本所有权和按年领取股息、负担亏损责任外,既失去了股金的支配权,又不得过问局事。正如时人所说的,官督商办企业"无事不由官总其成","官有权,商无权,势不至本集自商,利散于官不止"。"官有权,商无权","本集自商,利散于官",反映了官督商办企业内部封疆大吏控制商人资本、官权控制商利的关系。官权侵害商利的现象随处可见,掌握用人、理财和经营大权的"官",通过贪污盗窃、挪用资金、连锁投资、廉价收购股票等各种方式侵吞私人资本,聚集官僚资本。事实上,利用垄断特权推行官督商办企业本身就是以侵害社会上众多私人资本的利益为前提。拿航运业来说，由于轮船招商局有"五十年内只许华商附股"的规定，1882年上海商人叶应忠禀请制造轮船，设立航运局，李鸿章就以"不准别树一帜"为由加以扼杀。正因为这样，在洋务运动期间，中国竟没有一家华商轮船公司出现。1881年刘坤一也不得不承认："外洋轮船，人人可以驾驶，同受商贩之益。今中国轮船非招商局不可，虽许他人合股，其权操之局员，是利在数人，而不在众人，藏富于民之道，亦似不如此。"（《洋务运动》第六册，第66页）在纺织业中也有类似的现象。

上述史实表明，中国传统的官营工商观念及体制严重地阻碍了工商业的发展，尤其是中国经济的近代化。西方国家近代化的历程告诉我们，官营工商体制积弊甚多，不破除旧的官营工商观念，就难以建立近代化的经济模式，走出中世纪。

但是，传统的官营工商观念并未隐退，新中国成立以来曾极大地阻碍了我国经济的发展。在1978年12月党的十一届三中全会以前，我国工业管理体制的特点是：强调中央的集中统一，实行以工业部门为主的垂直领导，工业企业本身权力很少，人、财、物、产、供、销全部由国家统一安排。那时，国营工业企业只是工业管理机关下面实行经济核算的一个附属单位。1961年《国营工业企业工作条例（草案）》第一条明确规定，国营工业企业的"生产活动，服从国家的统一计划。它的产品，由国家统一调拨"，不论盈亏都由国家统收统支。国营工业企业的任务就是"按照国家计划进行生产"。国家并不承认国营工业企业是相对独立的商品生产者和经营者，因而在法律上国营工业企业不具备法律主体（法人）的地位。这种以高度集中的计划管理为特征的经济体制，排斥商品货币关系和市场机制。作为社会生产、流通的主要承担者——企业，完全听命于政府主管部门，缺乏应有的活力。绝对的"计划崇拜"现象，滋长了政府决策机关和官员的官僚主义，计划失误屡屡发生，严重地影响资源配置的效率。在计划经济体制下，政企不分，企业成为行政机构的附属物。名义上的所有者（社会）并不能行使所有者的职能，实际所有者（国家）及其代表（各级官员）只是作为企业之外的政治力量掌握企业，不承担直接经济责任。所有企业同属于一个主人，由政府垄断占有，因而不可能具有竞争性。经营人员作为行政官员，其行为准则不是追求效用和盈利最大化，而是完成上级下达的行政计划指示。

党的十一届三中全会以后，企业改革起步，其核心是政企分开，两权分离，使企业真正成为自主经营、自负盈亏、自我发展、自我约束的独立法人。

但是，传统的官营工商观念迄今仍在极大地阻碍着我国企业法定自主权的实现和企业独立地走向市场。1992年,某省人大常委会在全省开展了《企业法》执行情况的调查,结果发现《企业法》执行中还存在以下几个问题:第一,领导干部的企业法律意识比较淡薄。个别领导人以言代法、以权代法的现象经常存在。一部分人还不知道有个《企业法》。有的企业和主管部门的领导干部虽然知道有此法,却对主要内容不太了解,出现了许多不依法办事的现象。第二,《企法业》赋予企业的许多权利没有真正得到落实。调查结果表明,在全部十三项自主权中,没有在一个地、市得到全部落实。据对某市市属三十五家大中型企业和部分省属企业的调查,企业权利已完全落实的只有生产经营权、产品销售权、物资采购权、产品定价权四项;投资权、进出口权、劳动用工权、拒绝摊派权这四个方面基本上没有落实;其他几个方面的权利只能算部分落实。第三,企业面临的外部环境差。一是"三乱"(乱收费、乱摊派、乱检查评比)问题没有真正解决,企业难以应付;二是政府职能转变缓慢。一些党政管理部门长期习惯于沿袭高度计划经济体制下的一些传统做法,仍然把企业看作自己的附庸,对其随意干预。有些部门还习惯于管人、管事、管钱、管物,不习惯宏观上指导、协调、监督。三是"十多"现象困扰企业,使得企业无法开展正常的生产经营活动。企业反映,目前它们婆婆多、会议多、加班多、检查多、收费多、考试考核多、关卡多、义务多、订书报杂志多、办社会项目多。

传统的官营工商观念和体制在我国的改革开放中，不断变换花样来同化、腐蚀我们的改革，阻碍改革的深化。长期以来，稀缺资源的配置权掌握在各种行政机关手里，是通过行政命令配置的。改革开放以后，稀缺资源的配置权由原来掌握在中央政府手里逐渐转变为掌握在各级地方政府和各个部门的行政主管机关手里。在企业分散隶属于各级地方政府和部门机关管理体制的基础上，建立了财政大包干、外汇大包干、信贷切块包干等体制。这种分权型的命令经济体制，既不符合命令（计划）经济的要求，也不符合市场经济的要求，于是在经济体系的运行中出现了混乱。命令经济是用行政命令来配置资源的。因此，它天然地要求高度集权，保证政令统一，否则政出多门，配置就乱了。要改革当然要分权，把中央政府掌握的权力加以分配。然而市场经济要求的分权是还权于企业，让企业根据市场情况自主经营、自负盈亏，这种分权叫经济性的分权，或市场取向的分权。但是，从1978年的改革开放以来，每次分权都走到行政分权的岔路上，权力依然在政府手里，只不过到了地方政府手中或部门手中。如1980年搞的分灶吃饭就是把财权和企业一起下放，企业仍然拴在政府身上，活不起来。过去企业就绑在中央"大官"身上，现在则被绑到地方"小官"身上。这种用"小官"代替"大官"的分权型的命令经济，使得中央宏观失控，地方各自为政、互挖墙脚，搞"膨胀竞赛"，众多"诸侯"都按自己的局部利益配置资源，地方保护主义盛行，市场割据严重。

在改革开放中出现的"官倒"腐败现象也是从传统的官营工商体制派生出来的。在命令经济（计划经济）下，产品、资源的价格都由政府来决定。改革开放以后，随着传统的官营工商体制的动摇，一部分产品的价格放开了，成为市场价格，而另一部分价格却抓住不放，仍为"官方价格"，此即"双轨制"。按照市场经济的调节要求，绝大部分价格要放开，否则无法灵敏地反映稀缺程度，以保证资源的优化配置和再配置（即调整不合理的结构）。但在我们的改革开放中，放开了一半就停留在"双轨制"上了。结果每种商品都有计划和市场两种定价方法，产品如此，贷款、外汇等也如此。说得确切些，是两种定价方式，多种价格，这样就出现了官倒。由于同一产品的高低价（计划价和市场价）往往相差悬殊，各种差价的总量很大，1992年估计占国民生产总值的20%～25%。差价的相当部分便落到了官倒的腰包里。只要搞到批文、许可证、额度，马上可以发大财，转眼间成为百万富翁。既然行政权力上有造就百万富翁的巨大魔力，当然会有人要用行贿、游说等办法，追逐权力为己所用。在这样的情况下，腐败现象就不可避免地滋长起来。

曾经出现过的"翻牌公司"现象也是从传统的官营工商体制和观念派生出来的。所谓"翻牌公司",是指计划经济体制下建立起来的一些政府经济主管部门,机构牌子一翻,摇身一变成了经济实体,用行政手段归并原来所属企事业单位成员,取消企业法人资格,并截留国家下放给企业的权力和各种优惠政策,成为新的权、钱结合体。其主要特征是:首先,这些公司(集团)往往具有许多原政府机构的职能和权力,政企不分。政府有关部门出于自己的利益或管理上的方便而授予这些公司以行业和行政管理权限。其次,这些公司(集团)往往具有很强的封闭性,多限于原部门、原系统内部。尤其在组建企业集团时,由于仅仅依靠行政手续,其经济联合只限于原主管机构行政权力的范围内,谈不上跨地区、跨部门进行企业组织结构的优化组合。第三,这些公司(集团)带有明显的行业或地区垄断性,出于保护本地方、部门利益的考虑,在一些业务上实行垄断经营。

据有关部门调查,许多上级主管部门变成"翻牌公司"后,他们对外貌似"转轨变型"脱离政府,与原来管辖的"企业"由"婆媳"关系变成了"哥们儿"关系,但骨子里还是行使着行政管理职能,企业的从属地位依然如故。针对"翻牌公司"的出现,国务院一位领导同志指出:在机构改革、转变政府职能过程中，成立一些公司是必要的，但是，把属于企业的正当权益收上来，甚至取消企业的法人资格，重新使企业成为行政附属物和摊派的对象，这不是改革而是倒退。

由上可知，肇始于《周礼》的传统官营工商体制和观念在我国的改革开放中，或打着介入市场经济的幌子，成为官商，或打着放权的旗号，拦截企业的自主权，或放开一部分价格，垄断一部分价格，成为"官倒"，或挂羊头，卖狗肉，变成"翻牌公司"。为什么"官"一定要亲自经营、垄断工商呢？说穿了，是有利可图，是想搞权、钱交换。"升官发财""争权夺利"这类口头禅，能比许多理论的概括更准确、更直截了当地揭示出官营工商体制下权与利、贵与富的关系。

当然，传统的官营工商体制和观念与新中国的计划经济体制在本质上是不同的，属于不同社会时代的产物。但从现代经济学的眼光来看，它们在形式上都具有一个共同特征:官营。后来我国《宪法》的修正案将原来"国营企业"的提法改为"国有企业"，其意义正是对过去官营体制的否定。

6. 轻视民营工商

《周礼》重视官营工商，则必然轻视民营工商。前面说过,《周礼》对经济市场的管理,带有强烈的军事化色彩,市场不过是军事化国家体制的一个组成部分。商贾的贸易场所、成交方式、产品价格,无一不被严格限制,而官商是不需要通过市场来推销产品的,因而也是不受这些限制的。《周礼》对民间商贾所征的税,名目繁多,亦是为了约束民间工商的发展。《周礼》还规定,达官贵人不得随便走过市场,违者要受处罚。这表明《周礼》是多么贱视民间商人。

在《周礼》等儒家思想的影响下,历代王朝几乎都采取严厉措施打击民间工商业。秦汉时期把商人列入"七科谪"。所谓七科谪,就是应发配边境戍守的七种人:一是犯罪的小吏;二是脱离户籍的人;三是入赘女家为婿的人;四是摊贩商人;五是曾经入过市籍的人;六是父母中有市籍的人;七是祖父母中有市籍的人。本人是商人还不算,过去当过商人或父母、祖父母当过商人,都属于七科谪对象。七种人中,有四种与商人有关。汉代还规定商人不得穿丝绸衣服,不许骑马乘车,不许购买土地,商人及其子孙不准做官。唐代规定,工商业者或三代以内有经营工商的人,不得乘舆,不得做官。唐太宗曾对房玄龄说,对于"工商杂色之流",只可厚给财物,"必不可超授官秩,与朝贤君子比肩而立,同坐而食"(《旧唐书·曹确传》)。几千年来,统治者从法律上贱视民间工商业者,秦汉以后的儒家从道德理论上贱视工商业者,使工商业者的社会地位十分卑贱,连子女的婚姻都成为难题。

封建官府还利用重税政策抑制民间工商业的发展。自汉武帝"算缗钱"之后,利用政治权力对民间工商业者实行无条件的剥夺,就成为统治者常用的手法。唐玄宗天宝末年,遣御史康云间出使江、淮,陶锐出使蜀汉,将那里的一切豪商富户的资产逐一核查,所有财货畜产均取五分之一,谓之"率贷",国家从这次行动中一下子便获得数以万计的资财。此后不久,唐肃宗又仿效此法,推行"借商之令",派官前往江、淮、蜀汉,再次把富商大户的资产逐一核查登记,然后十取其二;唐德宗继续推行"借商",一次就预借商钱五百万缗,同时还把市场上典当物品和出售粟麦所得之钱,全部四分抽一。

封建官府用官营工商业压抑民营工商业的发展。明朝嘉靖年间,为了禁绝扬州的私盐,一面将铁匠撤回镇江原籍,不许他们在扬州铸造煎盐铁锅,凡煮盐的铁盘与锅䥽"需官为制造",不许使用没有加盖花押的锅䥽,违者"坐以重罪";一面将私煎盐池"尽行填塞",民间制盐业无法得到正常发展。清代铜矿业也有类似情况。清初,川、湖、广、江大商巨贾,拥巨资来云南开办矿场,"获利既厚,招徕愈多"。康熙四十四年(公元1705年),下令将这些铜矿业改为官督商办,官府发给工本钱,炼成铜以后,20%为正课交政府，80%由政府按官价收购，实行专卖。由于官府往往压价收购，使矿业收入不敷工本，肥了官府，亏了商人，矿场日益萎缩。

清朝还规定，民间织布机户须批准注册方可经营，每户的棉纺织机数不得超过百张，每机要纳税五十金。

长期以来，我们实行的是计划经济，官营工商，因而对民营工商总是另眼相看，这与传统观念的影响也很有关系。

7.国富为本与经济改革

中国古代在富国的方法问题上，大体上有两种主张。第一种是主张先富民、再富国，藏富于民，如孔子说："百姓足，君孰与不足？百姓不足，君孰与足？"（《论语·颜渊》）从这一主张出发，自然就要求轻徭薄赋，与民休息。第二种是主张国富为本，敛富于国。《周礼》即体现了这一思想，它的宏观经济计划和具体管理细节，都是在富国为本的总目标下悉心设计的。著名学者徐复观先生说："周官整个构想，是为了达到笼尽天下的货物，是为了大量增加税收的目的而展开的。"

《周礼》富国思想的要点，首先是确立国家对全国土地的控制权。《地官·大司徒》云"掌建邦之土地之图"，"以天下土地之图，周知九州之地域、广轮之数，辨其山林、川泽、丘陵、坟衍、原隰之名物,而辨其邦国都鄙之数,制其畿疆而沟封之"。天下的土地都由大司徒掌握,封邦建国、设都鄙、制乡遂均由大司徒"土其地而制其域",万民只能按照法定的受田标准从国家那里领取土田。此外,天下的山林川泽亦归国家统一管理。

其次是控制各种赋税。《周礼》的赋税很多,其常征者主要有"九功"和"九赋",地方邦国则有"九贡"。"九功"即"九职之贡"(农民、菜农、果农、商贾、牧农、山民、渔民、手工业者、无正当职业者等九种职业的人向政府交纳的贡品),主要用以充实府库,不是国家的正赋。正赋是指"九赋",即《天官·司书》所说的"九正",主要是田地之赋,也包括其他名目的地税。九赋所征,囊括了畿内的一切方面:从地域方面看,是从国中直到县都;从土地种类方面看,是从廛里到场圃、漆林;从征税类别看,则从官府余财到关门之征;等等。覆盖无遗。值得指出的是,《周礼》对人民的车辆、六畜、兵器、旗物等财产,也都严格登记,由闾胥一一数之、族师校之、闾师掌之、乡大夫登之、乡师稽(核实)之、小司徒又稽之。实际上,在军事化的封建经济之下,人民的财产,彼此之间不可能会有太大的差距。《周礼》的这些安排,反映了作者国富为本、控制和干涉私人经济的强烈愿望。

第三,国家严格控制各项财政支出。《礼记·王制》云:

"冢宰制国用，必于岁之杪，五谷皆入，然后治国用。"《周礼》把它膨胀为一套严格的预算制度。每年岁终，太宰与司会、太府、司书等官统计出此年赋入与赋出的总数，然后根据司民最新呈报的民数和廪人呈报的谷物，量入为出，做出明年各项开支的预算计划。

《周礼》这些国富为本、敛富于国的思想与制度，对后来封建社会的经济改革和理财之道产生了很大的影响。

桑弘羊是汉代著名的理财家。他的经济思想具有一个鲜明的特点，就是通过国家经营的工商业，抑制私人经营的工商业，因此他不是不讲抑末（工商为末），如他说盐铁官营"非独为利入"，而且也是为了"建本抑末"(《盐铁论·复古》)，"今县官（政府）铸农器，使民务本，不营于末"(《盐铁论·水旱》)。同时他又说"富国非一道"，反对以农富国的理论，而主张以工商富国："故工不出则农用乏，商不出则宝货绝；农用乏则谷不殖，宝货绝则财用匮"，各地的物产"待商而通，待工而成"(《盐铁论·本议》)。这似乎与他前面说的"建本抑末"相矛盾，其实并非如此。他是主张发展国营工商业，压制民营工商业。

桑弘羊的经济思想还具有一个特点，那就是"以轻重御民"的理论。它包含三方面的意思：第一，"流有余而调不足"，指调节商品的供求关系，特别是丰年和凶年的粮食供求关系。第二，获取商业利润"以佐助边费"并用来"赈困乏而备水旱之灾"(《盐铁论·力耕》)。第三,调节贫富,抑制兼并。因为"民大(太)富,则不可以禄使也;大(太)强,则不可以罚威也"(《盐铁论·错币》)。

显而易见,桑弘羊经济思想的这两个特点与《周礼》密切相关。《周礼》是最早明确主张发展国营工商业而限制民营工商业的,《周礼》又是最早设计国家如何解决灾荒时期的赈济问题的。桑弘羊吸取了《周礼》的思想,并在此指导下,参与了盐铁官营、均输、平准和统一铸币权等重要经济政策的制定和推行。宋代王安石明确指出桑弘羊是《周礼》经济政策的执行者。

刘晏是唐代著名的理财家。代宗大历年间的"军国之用,皆仰于晏"(《旧唐书·刘晏传》)。广德二年(公元764年)刘晏重新担任转运使后,曾写信给宰相元载,把自己的复职比为"贾谊复召宣室,弘羊重兴功利"(《旧唐书·刘晏传》),他确实是继承了桑弘羊的理财方针,进一步完善了食盐专卖和平准(平抑物价)制度。刘晏还接受了《周礼》通过增加户口而使赋税增加的主张,他认为"户口滋多,则赋税自广"(《资治通鉴》卷二二六)。《新唐书》和《资治通鉴》都说刘晏当政时户口有了增加。

杨炎是唐代又一个著名的理财家,他的重要贡献是创立两税法。在建议实行两税法时,杨炎提出了量出制入的财政原则。他说:"凡百役之费,一钱之敛,先度其数而赋予人,量出以制入。"(《旧唐书·杨炎传》)执行量出制入的财政原则只能导致加强对人民的搜刮。两税法的目的也主要是为了使原来逃亡在他乡的客户也要交纳赋税,扩大税源,敛富于国。

王安石是宋代著名的理财家。他在熙宁年间推行的新法中,除三舍法、保甲法、将兵法外,都是属于理财方面的,主要有:(1)均输法。由总管东南六路财赋的转运使,以五百万贯钱和三百万石米作为籴本,根据"徙贵就贱,用近易远"的原则,灵活筹办上供物品。(2)青苗法。根据《周礼·地官·泉府》关于官府向民众赊贷的设计,在青黄不接季节,官府向民众贷款,待庄稼收获后民众归还粮食或现钱。(3)农田水利法。奖励各地兴修水利和开垦荒田。水利工程所需的工料由受益户按户等高下负担,不足时由国家贷给青苗钱。(4)免役法,把差役变成雇役,过去承担各种差役的民户不再服役,按户等高下出役钱,称为免役钱。过去不当差的官户、坊郭户、未成丁户、单丁户、女户、寺观也要出钱,称为助役钱。(5)市易法。在一些重要城市设市易务,以收购滞销商品和贷款给商人。吸收参加市易务工作的商人可凭地产或金银作抵押,向市易务借钱,年息二分。一般商人也可以财产作抵押向市易务借款或赊购商品。赊购商品在半年内还款的利息一分,一年内还款的利息二分。过期不还,每月罚款百分之二。外来商人可以将滞销商品卖给市易务，收钱或收其他商品。政府机构所需物资，也可由市易务采买。(6)方田均税法。即清丈土地，根据土地的肥瘠区分五等，均定税额。

王安石公开声称是以《周礼》作为指导思想进行经济改革的。新法中最重要的是青苗法和免役法，而青苗法显然是受了《周礼·地官·泉府》的启发，市易法和农田水利法也是如此。免役法、方田均税法则是受了《周礼》对民众实行平均主义政策的影响。

张居正是明代著名的理财家。他公开声称治国以富国强兵为目标，"务在强公室，杜私门"。在这种思想指导下，他清丈了全国的土地，使纳税土地从孝宗时的四百二十三万余顷增加到七百零一万余顷，增加了政府财政收入。显然，他的这种改革思想是和《周礼》国富为本、敛富于民的思想相一致的。

中国历史上还有一次不成功的经济改革，即汉代王莽以王田私属和六管为主要内容的经济改革。王莽是第一个把《周礼》列于博士学官的统治者，并公开声称是以《周礼》为改革依据的，他推行《周礼》土地国有的设计方案，"更名'天下田'曰'王田'"，"不得卖买"，一家男子不到八口而土地超过一井（九百亩）的，"分余田予九族邻里乡党"，无田的人按制度受田。又规定更名"'奴婢'曰'私属'"，也"不得卖买"。始建国二年，王莽又推行《周礼》

官营工商和垄断资源的设计方案,宣布实行六管。六管是指盐、铁、酒官营,垄断铸币权,收山泽物产税和实行五均赊贷。赊贷仿自《周礼·地官·泉府》。赊是不收利息的贷款,用来帮助人们处理突发性的丧葬祭祀一类的事件。贷是指借款用来"治产业"的,年息不超过利润的十分之一。五均是指在长安、洛阳、邯郸、宛、成都设五均司市师,平抑物价。

综上所述,中国封建社会的经济改革与《周礼》密切相关。首先是在指导思想方面,它们都是吸取了《周礼》富国为本、敛富于国的主张,而不是孔子、孟子的富民为本、藏富于民的主张。其次是在具体内容方面,它们采纳了不少《周礼》的主张,如平抑物价、发展官营工商业、压制民营工商业、官府向民间赊贷等等。尤其是王莽的盐、铁、酒官营和五均,刘晏的常平法,王安石的均输法和市易法,都属于国家经营工商业、抑制民营工商业的一以贯之的政策。

8. 中央集权与财政管理

我国古代在财政管理方面,形成了一套颇具特色的财政管理制度,而《周礼》对这套制度的形成起了重要的奠基作用。

第一,财政管理以中央集权为宗旨。《周礼》开卷便言:

"惟王建国，辨方正位，体国经野，设官分职，以为民极。"这段话实际上是《诗·小雅·北山》"溥天之下，莫非王土；率土之滨，莫非王臣"的另外一种说法。《周礼》正是按照君主（中央）集权的宗旨设计财政管理的，它首先确立国家对全国土地的控制权，万民都只能按照法定的受田标准从国家那里领取土田；其次是控制各种赋税，从地域方面看，是从国中直到县都。从土地种类方面看，是从廛里到场圃、漆林。从征税类别看，则从官府余财到关门之征，等等。

后来封建社会的财政管理大都遵循了《周礼》的这种思路，一切财政，理论上都属于中央，基本上没有中央财政与地方财政的划分，由中央的司农或户部统管。这表现在各地的赋税收入和经费开支都必须向中央汇报，由中央统一筹划；中央可以向地方派出财政官员负责监督和征收财赋；赋税的征发由中央统一规定。特别是自宋代开始，封建专制主义中央集权进一步加强。人事方面，一命之官，任免必由中央吏部；财政方面，所有应上交的财赋、钱物，悉送京师，地方不得占有。所以，宋人说："一兵之籍，一财之源，一地之守，皆人主自为之"。（叶适《水心别集·法度总论二》）

第二，确定"量入制出"的财政收支原则。《礼记·王制》云："冢宰制国用，必于岁之杪，五谷皆入，然后治国用。"《周礼》把它膨胀为一套严格的预算制度。每年岁终，大宰与司会、大府、司书等官统计出此年赋入与赋出的总数，然后根据司民最新呈报的民数和廪人呈报的谷数，量入为出，做出明年各项开支的预算计划。

量入制出的财政收支原则，主要是由于农业社会生产力低下，抵御自然灾害的能力很弱，粮食生产的丰歉在很大程度上取决于气候的变化，因此，财政支出的安排，只能是在通过政治强力已经取得实物的基础上，即在财政收入已经实现的基础上才能确定。封建社会的财政收支原则大都采取了"量入制出"，虽然在唐代曾出现了两税法，实行了"量出制入"的原则，但从总的趋势来看，"量入制出"的财政收支原则贯穿中国整个封建社会。

第三，会计制度。《周礼·天官》中的司会是会计官之长，其职责是："掌国之官府、郊野、县都之百物财用。凡在书契版图者之贰，以逆群吏之治，而听其会计。"即掌理邦畿内各官府及郊野都县有关各种货物钱财出入登录记载的书契、版图副本的存管；根据这些，接受各级官吏呈报的政绩，加以审计考核。司会还会同小宰等官员，"以参互考日成，以月要考月成，以岁会考岁成"，即参照司书、职内、职岁等官提供的账目，考核官吏们每十日、每月和全年的计算文书。司会所掌较复杂，因而其下又有司书、职内、职岁、职币四官分治：凡是三年大计考核所涉及的各个项目,由司书负责总考其数,负责征敛赋税的官员,也要到司书处领受人民应交纳赋税的数目。事成之后,将账目之正本交大宰,副本入司书。职内、职岁二官分掌邦之赋入(财政收入)、赋出(财政支出);职币掌敛官府财用之盈余。总之,《周礼》的理财机构相当细密而完备。大府总掌财务,但由司书之官书记之,司会之官钩考之,财务入出又由职内、职岁分理,财物则又散置于各藏用之官,各职互为制约,极难从中作弊。财物的调拨权和使用权,为中央牢牢控制。

后来的封建王朝在《周礼》的影响下都建立了比较严格的会计制度。例如,唐宪宗时,宰相李吉甫编撰了《元和国计簿》,上面登载了全国的户口数、州县数、岁出入数、官员养兵数等,成为后代"会计录"的蓝本。宋以后,对会计制度十分重视,几乎每个朝代都编制了"会计录"。会计制度,不仅是了解各种财政情况的重要手段,也是朝廷监督国家支出的重要依据。

以上我们分析了《周礼》对中国传统经济文化的若干影响,概括起来,主要有二:第一,强化国家权力对社会经济生活的干预。在农业方面,土地的分配、农作物的栽培、农产品的分配、家畜的养殖等,政府都要统管;在工商业方面,政府扶植官营工商业,原料、优秀的工匠要归政府垄断,产品要首先满足官府的需求;在财政税收方面,尽可能地敛富于国，使官府保持强大的经济实力。第二，重农抑商。以农立国是《周礼》的重要主张，后来成为历代封建王朝的经济政策。为了确保农业的优势，就必然压制商品经济的发展。重农抑商一直是封建社会的基本国策。

《周礼》的经济思想与主张，有利于维持高度统一的中央集权制帝国的生存，没有经济上的集权，政治上的统一是不可能建立的，但其弊端则是压抑了资本主义萌芽的成长。

六　结束语

中国是一个有着四千多年灿烂文化的国家，社会经济、科学技术、文化教育等方面曾长期（大约有两千五百年）居于世界的前列，这与我国古代国家的管理制度无疑具有密切的关系。一些外国学者称赞古代中国"是世界上政治修良的头等国家"，甚至说"人类思想的确不能想象出比中国更好之政府"（转引自邓嗣禹《中国考试制度史》附录）。法国大文豪巴尔扎克赞赏中国"政府机构完备严谨，举世无双"。当然这些话有过分溢美的一面，实际上，中国封建社会的国家管理中的弊端也是极为严重的。但用历史的眼光看问题，我国古代在管理制度上的成就确实是不能低估和抹杀的。从秦朝开始，中国形成了一个统一的中央集权国家，其后虽有分裂局面的出现，但统一始终是主流，这与历代王朝大都重视国家管理、编制长期稳定的行政法典、合理地建立各种机构、确定各个机构的人员定额和应当具备的资格、明确划分职权范围等,是密切相关的。而《周礼》是中国历史上第一部国家管理的理论著作,封建社会的机构设置、日常管理都采用了它的许多主张,因此,《周礼》对古代国家管理做出了重大贡献,要想了解古代中国的政府管理理论与实践,就不能不研读《周礼》。

在世界法制史上,中华法系与印度法系、阿拉伯法系、大陆法系、英美法系同列为世界五大法系,它源于夏、商、周,开始形成于秦汉,完备于隋唐,而解体于清末,对相邻的日本、朝鲜、越南等国的法律产生了深远的影响,使这些国家的古代法律成为中华法系不可分割的组成部分。中华法系在其上下数千年的发展中,以卓尔不群之精神而独树一帜,举世瞩目。之所以如此,就在于中华法系是以儒家学说为其灵魂,而《周礼》是儒家重要经典之一,它对于中华法系的形成与发展做出了不容磨灭的贡献。从指导思想到具体条文,中华法系都带着《周礼》的深深印迹。所以,要想了解中华法系,就不能不研读《周礼》。

当然,我们亦应看到,《周礼》对中国历史的发展也有不利的一面。它试图把一切社会生活都置于国家的严密控制之下,国家的权力无所不在,于是体现国家权力的官吏的手也就伸展到社会的每个角落。于是经济上就出现了"官农""官工""官商",文化教育上就出现了"官学""官舞""官乐",甚至人们的衣着、饮食、交通等一切行为无不受到官府的过分干预,一切社会生活无不染上官的色彩。在《周礼》的影响下,中国封建王朝对社会生活的干预和控制,是欧洲封建社会所不能比拟的,它是中国封建社会进入晚期之后缺乏活力、缺乏创造性而日益落后的重要原因。

《周礼》体现的是一种"大政府、小社会"的价值观念,是自然经济、宗法社会、专制政治的产物。它与我们今日追求的"小政府、大社会"的目标具有时代本质的不同。因此,我们既要汲取《周礼》中一些历久不变的有益价值观念,同时亦要抛弃《周礼》中不合时宜的官本位思想。若要《周礼》能够古为今用、焕发青春,则必须把它与中国式现代化的基本理念相结合,古为今用与洋为中用在今天是密不可分的,是中国传统文化历久常新的必由之路。

党的十八大以来,围绕传承和弘扬中华优秀传统文化,习近平总书记发表了一系列重要论述,特别强调"要讲清楚每个国家和民族的历史传统、文化积淀、基本国情不同,其发展道路必然有着自己的特色;讲清楚中华文化积淀着中华民族最深沉的精神追求,是中华民族生生不息、发展壮大的丰厚滋养;讲清楚中华优秀传统文化是中华民族的突出优势,是我们最深厚的文化软实力;讲清楚中国特色社会主义植根于中华文化沃土、反映中国人民意愿、适应中国和时代发展进步要求，有着深厚历史渊源和广泛现实基础"，"推动中华优秀传统文化创造性转化、创新性发展，不断提高人民思想觉悟、道德水平、文明素养，不断铸就中华文化新辉煌"。习近平同志还强调："一个民族、一个国家的核心价值观必须同这个民族、这个国家的历史文化相契合，同这个民族、这个国家的人民正在进行的奋斗相结合，同这个民族、这个国家需要解决的时代问题相适应。"⑦认真学习和领会习近平同志的这些重要论述，对我们坚持发展社会主义先进文化、涵养社会主义核心价值观、在世界文化激荡中站稳脚跟都具有重要指导意义。把中华优秀传统文化和中国式现代化相结合，这是我们今后要深入研究的重大课题。

---

⑦转引自李锐：《为什么要弘扬中华优秀传统文化——学习习近平总书记关于弘扬中华优秀传统文化重要论述》，《光明日报》2019年3月28日第6版。